理财连连看
根据个性来理财

〔美〕朱莉·斯塔夫◎著
王戎◎译

南海出版公司

图书在版编目(CIP)数据

理财连连看/〔美〕斯塔夫著;王戎译．－海口:
南海出版公司，2011.4
ISBN 978-7-5442-5307-9

Ⅰ.①理… Ⅱ.①斯… ②王… Ⅲ.①私人投资－基本知识 Ⅳ.①F830.59

中国版本图书馆 CIP 数据核字 (2011) 第 010212 号

著作权合同登记号　图字：30-2010-098

THE MONEY IN YOU! : Discover Your Financial Personality and Live the Millionaire's
Life Copyright © 2006 by Julie Stav
Simplified Chinese Translation Copyright © 2011
by Beijing Reader's Cultural & Arts Co., Ltd.
Published by arrangement with Harper Collins Publishers, USA
through Bardon-Chinese Media Agency

博达著作权代理有限公司
ALL RIGHTS RESERVED.

理财连连看
〔美〕朱莉·斯塔夫 著
王戎 译

出　版	南海出版公司　(0898)66568511
	海口市海秀中路51号星华大厦五楼　邮编 570206
出　品	北京读书人文化艺术有限公司　www.readers.com.cn
发　行	新经典文化有限公司
	电话 (010)68423599　邮箱 editor@readinglife.com
经　销	新华书店
责任编辑	魏　玲
特邀编辑	胡玉婷
装帧设计	水玉银
内文制作	黑羽平面工作室
印　刷	三河市三佳印刷装订有限公司
开　本	850毫米×1168毫米 1/32
印　张	7.75
字　数	130千
版　次	2011年4月第1版
印　次	2011年4月第1次印刷
书　号	ISBN 978-7-5442-5307-9
定　价	25.00元

版权所有，未经书面许可，不得转载、复制、翻印，违者必究。

目　录

理财之个性篇

第一章	女王型购物狂	3
	吉尔的人格分析	7
	现在就行动起来	9
	女王型购物狂的性格分析	11
	未来	15
	给女王型购物狂的赠言	21

第二章	好好先生	23
	汤姆的人格分析	27
	现在就行动起来	29
	未来	32
	未雨绸缪	36
	给好好先生们的赠言	39

第三章	完美主义者	41
	比尔的人格分析	47

	如何趋利避害	48
	现在就行动起来	48
	未来	50
	给完美主义者的赠言	56

第四章	酒神型	59
	迪安的人格分析	64
	如何趋利避害	66
	现在就行动起来	68
	未来	73
	信封理财法	78
	给酒神的赠言	81

第五章	"存钱罐"型	85
	"存钱罐"的人格分析	91
	"存钱罐"如何趋利避害	93
	现在就行动起来	95
	未来	98
	给"存钱罐"的赠言	103

理财之关系篇

第六章	财富和孩子	109

	对她们的人格分析	112
	孩子已经准备好了，那么下一步呢	116
	制订针对性的计划	122
	这个世界已经很不同了	130
	关于财富和孩子的小结	131

第七章　金钱和朋友　135

	对这几个朋友的人格分析	138
	人不是一座孤岛	141
	商业合伙人	148
	合伙的秘诀	149
	关于朋友	152
	关于金钱和朋友的小结	154

第八章　金钱和爱情　157

	你，我，钱	158
	现在就行动起来	162
	未来	169
	你当水泥我当钢筋	172
	关于金钱和爱情的小结	176

第九章　金钱和晚年　179

	为什么会这么难	182
	重新定义＂退休＂	184

不是结束，而是开始		185
你做好退休理财的准备了吗		190
享受金色晚年的秘方		192
向前看，向后看		200
关于金钱和晚年的小结		201

理财之现实篇

第十章　对成功的恐惧　207

玛丽亚的人格分析	211
对成功的恐惧	214
童年的秘密	215
逃避成功的原因	217
为自己寻找合理动机	220
我的经验	224
爱上自己的理财人格	226

第十一章　百万富翁的理财人格　229

找到属于自己的配方	231
小提琴演奏者的故事	236
从众心态	237
自信起来	240

理财之个性篇

第一章

女王型购物狂

曾经，有个女强人，

她有着高学历、高收入和高品位。

她只戴卡地亚的戒指，只穿迪奥的时装，

丝毫不顾及自己的经济能力。

对于屈尊所购之物，她总是迫不及待地用上。

在物欲这个暴君的专制下，

她债务缠身，濒临崩溃。

幸运的是，她发现了这本书，

于是，她开始了自己的救赎之路……

吉尔是一个成功的广告主管，她气质出众，知识广博，在上流社会交际圈里有不少朋友。她还是个满怀雄心壮志的女人，并且有着很强的组织能力。面对生活，吉尔总是从容不迫，充满自信，她知道在许多事情上大家都在等着她拿主意。

总算忙完了一天的工作，又能回到自己那个温馨的小公寓了，吉尔放松地坐在出租车的后座上，脑海里不断回放着当天下午自己在工作上的一幕幕成功场景。吉尔闭上眼睛，回想着下午召开的创意会上的每一个细节，慢慢品味着那份属于她的成就感。

对于第二天的演讲，吉尔充满了信心，认为自己志在必得。原来，吉尔目前正在筹备公司有史以来最大的一个项目。一想到这个项目能给她带来荣誉和认同（更不用说数额可观的奖金了），她高兴得都有些发晕了。吉尔的成功与她在组建团队及管理团队方面的超强能力密不可分。

为了这个项目，吉尔已经准备了整整两年，这在有些人看来简直太不可思议了。但是，明天，就在明天，她就要向所有人证明：她所付出的一切努力都是值得的。

当出租车途径繁华的商业区时，在那灰暗杂乱的城市夜景中，突然有一股绚丽的光影从吉尔面前一闪而过。就在那一瞬间，吉尔被那股从一家高档服装店的商品橱窗里射出的美丽无可救药地征服了。"停车！停车！我就在这下吧！"吉尔一边喊道一边把车费甩给那满脸茫然的司机。

吉尔穿过喧嚣的十字路口，慢慢地接近了那家高档服装店所在的大楼，缓缓地走到了那个征服自己的商品橱窗前。透过橱窗上模模糊糊的影子，橱窗外的吉尔似乎已经看到了自己身穿那套精美绝伦的时尚套装的样子。吉尔惊呆了，陷入了美丽的幻想中。那套衣服上的每一针每一线都散发着成功、权力与自信的气息，而这些正是她在明天的演讲上要努力表现的。

一不做二不休，吉尔径直冲到楼里，走进了那家精美的店铺。她紧张急切地翻着那些摆放得整整齐齐的衣服……太好了，有她穿的号！太完美了！她似乎看到安娜·温图尔在为她祝福，可可·香奈儿在为她尖叫！

在试衣间试好衣服后，吉尔拿着衣服和导购员一起往收银台走去，此刻的她突然意识到：这件衣服确实很棒，

第一章 女王型购物狂 5

甚至可以说是她见过的最美的衣服，但同时也贵得吓人！上次吉尔也是这样，一时冲动买了件极贵的衣服，但是收到信用卡账单时自己却觉得特别内疚，甚至后悔买了那件衣服。

"但这是我应得的！"她自言自语道。

糟糕！刚才说话的声音不会太大了吧？吉尔惊出一身冷汗。她偷偷环视了一下四周，还好，没有人因为她的那句肺腑之言而向她投来疑惑或鄙视的目光。她暗自思忖着：我每天长时间地努力工作，买件衣服犒劳自己有什么不可以。况且，下一个项目的奖金应该能付得起这件衣服的账单吧！吉尔搞不懂自己为什么要为买这件衣服找理由。也许是因为吉尔的母亲是一个特别节俭的人，如果母亲看到她这样挥金如土肯定会气疯的。也许是因为吉尔心里觉得对不起咖啡馆的那个服务生吧，她每天早上买咖啡时只给他那么一丁点的小费。当然，也可能是因为多年来她一直在回避的那个学生信贷员。经过一番激烈的思想斗争后，她还是把这些讨厌的形象从脑海里一一扫去，把信用卡毅然地拿了出来，毫不犹豫地递了出去，然后，用那支万宝龙钢笔签下了自己未来 6 年要苦苦偿还的债务。

女王型购物狂的存活之道

女王型购物狂做事果断利落，非常可靠，很有条理。她们大多都受过良好的教育，做事非常专业，在任何情况下都不会放弃对成功的追求。如果她们能控制一下自己的冲动性消费，花些时间和精力来管理自己的财富，那她们成为富翁的几率比任何人都大！

吉尔的人格分析

吉尔的穿着品位毋庸置疑，但管理财务的能力却非常糟糕。和许多职业女性一样，她具备了挣钱的能力，却不具备获得财富的能力。这两种能力有什么区别？吉尔拿着高薪，这说明她工作非常踏实，她的事业正在走上坡路。但与此同时，她仍旧被囚困在辛苦的工作中。这是因为她与大多数人一样，习惯了通过努力工作来谋生，却没有认识到钱本身是可以生钱的，就像永动机一样。

吉尔的性格很像刚刚生下来的鸡蛋，外表很坚硬，但如果一不留神磕破了，里面露出的却是无比柔软的部分。诚然，在本书讨论的这些财富人格类型中，你很难找到一个与自己完全吻合的类型。但是研究证明，如果我们不做

女王型购物狂的代表人物

斯嘉丽·奥哈拉：她是一个典型的女王型购物狂，在债务面前她总是想日复一日的拖。幸好斯嘉丽最终还是掌控住了自己的财富，并给那些北方来的投机者们上了一课，让他们知道这个女人可不是好惹的。

奥斯卡·王尔德：这个花花公子欠下的债连他自己都不敢去想。但是，不管欠了多少钱，他总是穿得很有品位，哪怕是在监狱里。

朱迪·加兰：这个典型的女王型购物狂在去世时欠下了四百万美元的债，女王型购物狂确实有狂购漂亮红皮鞋的倾向。

任何努力，在理财上任由自己的性格自然发展，我们最终会回到自己童年时最原始的理财模式上。

吉尔产生冲动消费的动机很明显，即她觉得无论什么都是她应得的。当然，几个月下来马不停蹄地工作难免会让她的心中出现一些空虚感，而那件衣服正好可以填补她心理上的这种空虚。这种消费动机其实很常见，也因此才会出现那么多诸如"你今天应该休息了"、"这件商品不便

女王型购物狂的失败之处

女王型购物狂在情绪低落或受到挫折时特别容易产生冲动消费行为。压力和焦虑经常是这类人成功的动力来源，但也正是因为这些压力和焦虑，让这类人在自己不太擅长的方面作茧自缚，信心尽丧。如果理财不是她擅长的方面，她会一直有意识地回避这个弱项，直到自己的财务状况恶化到无法回避为止。

宜，但却是你应得的”之类的广告文案。

不管是卖巧克力还是染发剂，名牌手提包还是加勒比海旅游，市场调查人员每年都会投入好几百万美元的资金用于研究如何引诱这些冲动型消费者去消费。其实，这些人真正需要的只是好好睡上一觉，而不是冲动消费。那些冲动消费只能暂时性地填补他们心理上的空虚。

现在就行动起来

钱一到情绪性消费者的手里，就像水流入沙土，不一会儿就消失得无影无踪了。所以，这类人要想有所积蓄，

第一章 女王型购物狂 9

在拿到钱之前就要有所行动。工资自动转移计划、401(k)养老金计划及自动存款特别适合这类人。

由于女王型购物狂做事情都很有目标，所以在理财上首先要给他们设定一个目标，并针对每一个目标专门设立一个账户。一次豪华旅行、一辆新车或是一套高级立体环绕音响，这些目标都足以激励这类人行动起来。当你明确了自己存钱的目的时，存钱的过程就会变得非常有意思。存钱的模式便从以前"消费－支付－消费"模式转换成"储蓄－消费－储蓄"模式。只要把储蓄目标实现的最后期限、储蓄金额及最后的支付金额都提前写得清清楚楚，女王型购物狂就能把枯燥的储蓄过程转化为一个可以实现的目标，并最大限度地减少那种不考虑自身经济实力的盲目购买行为。

女王型购物狂进行储蓄的正确步骤：

1. 设立一个单独的存款账户或者投资账户。如果直接在自己的活期存款户头（checking account）上进行理财，那女王型购物狂必然会不由自主地动用账户中的存款。如果你为自己的每一个存储目标设立一个单独账户，该账户就会时刻提醒你这笔钱是专款专用的，并能让你很直观地看到自己离目标越来越近，让你时刻充满成就感。

2. 确定从总收入中转入储蓄存款账户（savings account）的金额比例，或者直接确定一个固定的转入金额。

3. 问问老板可不可以将你的工资自动转入储蓄存款账户或投资账户（investment account）。要知道，"眼不见，心不烦"这句老话是有道理的，特别是对你们来说。难道你还指望自己能每次领到工资后再自觉地把钱转入自己的储蓄存款账户吗？再说，也没有必要通过这种方式来考验自己的自控能力！如果你的老板不给你提供这个方便，你还可以找银行帮忙，请他们帮你完成每月工资的定期转出工作。

4. 每次收到额外收入时，把其中的一部分存入自己的储蓄存款账户或投资账户。奖金、刚涨的工资、退税、折扣返款或加班工资都可以增加你的储蓄金额。

5. 最后，万一遇到一些紧急情况必须动用这笔钱时，一定要要求自己在一定期限内把这笔钱给补上，就像付账单一样对待这笔欠自己的债务，每月按计划进行偿还。

女王型购物狂的性格分析

作为一名从业多年的理财咨询师，我遇到过不少女王型购物狂。我要做的第一件事就是同她们一块儿制订一个

第一章　女王型购物狂　11

消费计划，不然她们的钱总是不知不觉地从指尖溜走。因为每次我问她们每月存多少钱时，她们总是说："我也不知道我的钱都花到哪去了"，"我根本就不懂得怎么存钱"或是"其实我收入还是很可观的，但是每到月底我总是一分钱不剩"。

消费对女王型购物狂来说就是一种潜意识的仪式性活动。因此，不宜一开始就试图去改变她们的行为，而应当让她们客观地记录自己几个月内的消费行为，如果把作废的支票和信用卡账单考虑进来，这也不是一件容易事。自动取款机也不会告诉你钱都花到哪了。而对于女王型购物狂来说，自动取款机就像她们的教母一样，她们会经常光顾她，以便在心情到位的时候可以尽情挥霍金钱。

但是，通过真实记录自己花钱的地方，不管是通过小笔记本还是掌上电脑，聪明的女王型购物狂很快就会发现自己的问题所在。在大多数情况下，只要认识到了这一点，她们就可以从噩梦中醒来，开始重新掌控住自己的财富，从而也就可以进入下一步计划。

消费计划（对女王型购物狂我一般不会称之为预算，因为这个词有太多限制性的意味）主要是计划在一个月内应该优先购买哪些需要购买的东西。这些东西对于保持女王型购物狂的身份及填补她们心里的空缺有着至关重要的作用，这和她们之前消费习惯的区别主要体现在计划性上，以及对奢侈性消费次数的控制上。

女王型购物狂往往激情四溢，对未来充满向往，所以千万不要浇灭她们的热情。如果你是属于这种性格类型，那么你应该充分发挥自己的能力去大胆地梦想并大胆地计划，这样才能得到最好的结果。在这里，请允许我和你们分享一个目标设定的架构，希望它能帮助你实现自己的理财目标。

假设你的目标是在明年12月之前在你的紧急账户上存5000美元，由此你就有了一个具体的数目，也有了一个达到目标的具体期限。然后，利用你充满活力的性格特点努力去实现这个目标吧，但一定要克服自己性格中放纵自我的倾向，否则你肯定实现不了目标。最大限度地利用自己内在的资源，让自己的聪明才智把自己折服。

在一项研究中，当不同的受测试者以两种不同的方式被问到同一个关于理财的问题时，得出的调查结果居然截然不同，这项研究证明了一点，只需要一点小小的改变就可以让你更好地接受一个计划。

研究者给第一组人的问题是：你们能不能把月收入的20%存下来。绝大多数人都表示，虽然这不是不可能，但确实是挺难的。然而，给第二组的问题在措辞上做了一些

聪明地设定目标

具体性	设立一个具体的目标，比如说为一次为期两周的旅行存足够的钱，而不是笼统地存钱而已
定量性	你必须能够量化你的目标，比如说存够 1000 美元
可实现性	确保你的目标是合理的，是可以实现的，比如说每月你要存多少钱才能实现自己的目标
相关性	你必须对自己的目标有认同感，比如说当目标达成的时候你到底能有什么实质性收获
时间性	你应该为目标的实现设定一个期限，比如说"在 1 月 1 日前，我要……"

信息来源：http://www.pueblo.gsa.gov

修改：你们能不能靠月收入的 80% 活下来，绝大多数人都表示相信自己可以。

现在，你知道怎么给自己的大脑一个它更能接受的要求方式了吧？ 18 个月要存 5000 美元的话，平分到每个月是 278 美元。如果你的月收入是 3000 美元，那么 278 美元就相当于你月收入的 10%。所以你给自己的问题应该是：我可以靠自己月收入的 90% 存活下来吗？如果回答是肯定的，那就可以进入下一步，到银行办理存款自动转移业务，每月从你的会计部门或支票账户上转移 278 美元。如果你在给银行打电话时紧张得都出汗了，没关系，你可以先从一半的金额开始，但是一定要写个备忘（相信女王型购物狂们对备忘录是情有独钟的），提醒自己在三个月后把转存金额升至 278 美元。

在读到后面的章节时你会发现，这种方法并不适用于所有的性格类型，但是女王型购物狂们，这个方法对你们而言是再适合不过了！它给你带来的收益绝对不只是以美元或美分为单位来计算的。因为它能让你继续享受冲动性消费带来的快感，却不用担心在第二天起床后感到后悔。试试吧，你会喜欢上它的。

未来

对于女王型购物狂们，要想走上一条正确的生活道路，你们一定要把计划职业道路的那股劲头也用在规划自己的理财道路上。

定期的自我理财时间

女王型购物狂们经常会为钱而担心，这是由她们的性格决定的。其实，与其这样长期活在担忧中，还不如每周专门拿出一天用来进行理财。在专门的理财时间里付账单，查看支票账户记录，开设储蓄与投资账户，并为下一周的理财作出规划。如果你经常会为自己的消费而感到内疚，何不把这些内疚都延迟到专门的理财时间里并一次性享用呢？

寻找同盟

在给人分配任务上，女王型购物狂往往很内行。所以，你可以找你的朋友或同事问问，看看他们的理财顾问是谁，然后与这些理财顾问聊聊，看看谁比较适合你的性格特点。注意：别找那些只在乎数字的咨询师。你需要的是一个可以理解你的消费观而不是让你完全告别冲动性消费的人。

理财最重要的是，在保证自己幸福指数的同时又能实现财富上的相对稳定性。所以，你一定要找一个能够倾听自己内心感受的理财顾问，只有这样你才能积极主动地去实现理财计划。你们的会面主要是由你改变现状的迫切程度及你对他的喜爱程度而决定的。在我的理财咨询生涯中，有的客户每月都会和我见面，而有的一年只和我见一到两面。

你所扮演的角色的主要工作是，为你的理财顾问提供信息。因此，在会面前你应该提前准备好你的各种理财目标、你的月收入及你的日常消费状况等信息。而理财顾问的角色就像个司机，掌控着方向盘，把你送到你想到达的地方。你心里知道自己想去哪，而理财顾问就像一个导航系统，保证你能顺利到达指定地点。但你千万不能放弃自己的主动性而完全依靠他，因为这毕竟是你的钱啊！

现在我将对三种类型的理财顾问逐个进行介绍：

● **收费咨询师**：这类咨询师会根据他们提供的服务收取一定费用，有的是按小时计费，有的是一次性收费，包括与你会面、收集信息及给出书面理财建议等服务的费用。你们必须定期见面。然后，此类理财咨询师会给你一个关于你的金融现状的详细报告。你的收入、固定支出、资本净值、储蓄和投资账户的列表、理财目标及为了实现这个目标你必须作出的改变和调整都会写在这个报告里。一般情况下，这类咨询师不会帮助你去具体

CFP（Certified Financial Planners）这三个大写英文字母是专门用来指注册理财咨询师的。他们是经过严格训练和考核的职业理财咨询师。想要找到你所在区域的CFP或是了解更多与CFP相关的信息，你可以登录注册理财咨询师协会的网址 http://www.fpanet.org。记住，在你付费前，最好要一份明确规定了双方责任和支付方式的文字协议。

第一章 女王型购物狂 17

> 与代理人形成一种良好的互动关系并在处理事情的过程中体现出你的道德原则是非常重要的。你可以通过人们的口头评价来寻找好的咨询师，也可以通过国家证券交易商协会（800-289-9999, www.nasdr.com）或全国保险专员协会（816-842-3600, www.naic.org）查询某位咨询师的信息，让你免去被欺骗的忧虑。

实现理财计划。要想让一纸计划变成现实，你必须自己去找经纪人、保险代理商和其他代表。这类咨询师就像为你设计新家的建筑师一样，要想真正住进舒适的新家，你还得需要建筑工人和包工头。

- **佣金咨询师**：这类咨询师与你见面，查看你的相关文件，帮你制订理财计划，但是不会直接向你收费，他们所代表的投资公司会给他们佣金。不过别担心，就算你绕过这些咨询师直接向投资公司咨询也省不了钱。公司给咨询师支付佣金的成本比雇用更多员工来手把手教你怎么投资的成本低多了。使用佣金咨询师最重要的一点是，你要了解他们向你推荐产品的标准，以及他们所代表的公司能够提供多少种投资。你不一定只找那些公司支付了高额佣金的咨询师，有些独立经纪人可以代理很多投资公司，也有些专属经纪人只代理一家投资公司，所以一定要把这些信息提前掌握好。

- **收费佣金咨询师**：这类咨询师不但要收取咨询服务费，还要从你的投资中获得佣金报酬。也就是说，他们既是你的设计师也是你的建筑包工头。有时，如果你在咨询和实施阶段用的是同一个经纪人，前期的咨询费用是可以免去的。

你是女王型购物狂吗?

以下是一个简单测验：

所有的答案没有对错之分，所以别担心自己会不及格，来试一试吧！在你同意的选项下画圈。

1. 如果别人送给你 50000 美元，你会对自己说："天哪，我可以用这些钱买个特棒的东西！"

    同意　　不同意

2. 我的时间和精力都用在赚钱上了，根本没有时间来理财。

    同意　　不同意

3. 如果有朋友向我借钱，我会感到很开心并很乐
   意地把钱借给他。
   　　　　同意　　　不同意

4. 如果我发现一个自己特别喜欢但是当时买不起
   的东西，我还是会刷信用卡把它给买下来，毕
   竟我工作就是为了买这些东西啊！
   　　　　同意　　　不同意

5. 和朋友一块吃饭，我一般都抢着埋单。
   　　　　同意　　　不同意

　　如果你选择了三个以上的同意，那你很可能属于女王型购物狂。你非常在乎金钱给你带来的地位和力量。不信的话可以参观一下你的衣柜，看看里面有多少连商标都没来得及摘的新衣服。你可以把它们退回去，因为那些衣服多半是你一时冲动买下来的。

　　只要足够专注，女王型购物狂完全可以管理好自己的财富。之前，你们拼命地赚钱，却忘了让赚来的钱也努力地继续为你生钱。把你的理财计划当成一个职业计划来履行吧。以这种心态来对待自己的财富，你会发现自己能事半功倍！

你要做的第一件事就是，试着只用收入的90%来生活。你何必要等到月底才发现自己身无分文呢？这也不符合你追求卓越的精神啊。你是有雄心壮志的人，现在就把自己的梦想转化成一个切实可行的计划，不要按照自己的主观意愿而是按照计划来处理财富，让理财计划像自动导航系统一样把你安全地送到目的地。记住，每次拿到工资，第一件事就是把其中一部分钱转入自己的特别账户里。你这样做是绝对值得的。

给女王型购物狂的赠言

在茫茫人海中，你始终是那么耀眼，那么特别，那么优秀。你有过人的技艺，有独树一帜的风格，有大家可望不可即的能力，正是凭借这些素质让你轻松地获得了今天的成功，你靠的是自己的真本领。如果能得到一些帮助，你一定可以更好地克服人生旅途中的各种困难，抓住每一个属于你的机会，创造卓越的人生。

应该掌握的东西你都掌握了，应该做的事情你都做了，在需要有人站出来说话时也是你挺身而出。所以，抛开心中那些长期折磨着你的不安全感和不确定感吧，正是它们让你内心感到空虚与痛苦。当这些负面的感受来临时，请充满信心与决心去迎接它们的挑战，你将在一次次与它们的抗衡中得到不断的成长。

其实这些痛苦不是你自找的，而是它们自己找上门来的。有时，苦恼与焦虑就像一个个的陷阱等着你到来，一旦陷入其中，你就会被悔恨、内疚和懊恼纠缠，无法充分享受自主决策带来的自由感和成就感。

你一定要意识到，你没有必要那么在乎别人对你的看法。一条昂贵的裙子，一瓶天价的香水，一辆拉风的跑车，这些并不能让你在别人心中留下多么好的印象。获得别人的尊重不是通过这些物质性的东西，而是要通过自己的人生态度、品德、智慧，以及对自己的价值与理想的执著坚守。

如果你一定要征服某一个人，那就征服你自己吧！通过征服自己，让自己真正看得起自己。只有这样，你才会在不知不觉中逐渐赢得他人的赞赏与尊重。

所以，当空虚感再次侵袭你时，当盲目购物的冲动欲望又在和你的理智作斗争时，按下自己的暂停键，后退两步重新审视自己。给自己时间好好想一想，好好感受一下，并且提醒自己，真正能把你推向成功的，不是外在的种种光鲜，而是那个内在的自我。

第二章

好好先生

曾经有个好好先生。

此处怎么会如此黑暗？

哦，又忘记付账单了。

让我们一起来讲"鬼故事"吓他吧。

十年来，汤姆一直在一家非营利的社会服务机构工作。他带一点嬉皮士和波西米亚的风格，还有点罗杰斯先生①的气质，他脸上时刻挂着真诚且富有感染力的微笑。工资虽然有点寒碜，不过倒也能满足他的要求，够支付那间小屋子的租金了。其实，他也想过去找个更大的地方住，或搬到更好的街区，但是每当脑子里冒出一点貌似宏伟的想法时，一种内疚感就会油然而生。于是，他便会马上打消诸如找房子或搬至更好街区的念头。

在一个清朗明快的早晨，汤姆像往常一样骑自行车去1.5英里②外的地方上班。湛蓝的天空下绵延着皑皑的白雪，车胎压着积雪发出嘎吱嘎吱的声响。寒风刺骨，汤姆感觉自己似乎要被这凛冽的风撕裂了，他那双向来温暖的

① 美国儿童电视剧《罗杰斯先生的邻居》中的主人翁。——译者注
② 1英里＝1.609千米。——编者注

24

小胖手也几乎变成了冰冻排骨。但在汤姆看来即便是这样的风也是独具魅力的，因为汤姆的开心发自心底。他为自己不用因开车破坏城市空气质量而感到无比骄傲。虽然天气很冷，但骑过了一段上坡路后，汤姆的身子倒也暖和了许多。他一只手扶着车把，另一只手松了松系在脖子上的羊驼绒围巾，这可是他多年来无比熟练的车上芭蕾动作。

但这个早晨汤姆可不怎么走运，那条围巾从他冻僵的手中滑落下来，如同自杀一般乘着那股寒风飘到了桥下。

真糟糕！那条围巾可是汤姆的宝贝啊！那是一个在危地马拉度了一个月长假的同事带给他的礼物。天气这么冷，按理说汤姆应该再去买一条新围巾，但是他从来不喜欢买东西，特别是给自己买东西。一想到那些令人眼花缭乱的大型百货商场或人潮拥挤的市场，他就提不起劲，那些地方甚至让他感到有些无所适从和压抑。而且，不爱购物本来也没什么大不了的嘛。日常用品家里也不缺，抽屉里还放着各式各样的衣服，有的还是大学时候保留下来的呢。如果一定要买东西的话，他宁可去跳蚤市场，或去人家后院或门口摆的小地摊上买东西。

如果一定要找一个汤姆爱去的地方，那就是杂货店了。汤姆经常去离他家不远的有机商店买东西，那儿的东西虽然贵了点，但是让汤姆感到很安心。因为去那买东西是在

第二章 好好先生　25

为本社区的一个小型企业作贡献，况且那里的东西质量很好，不含农药、防腐剂，没有不公平交易，更不会是那些没心没肺的农畜业巨头们弄出来的鬼把戏。

汤姆过着很朴素的生活，其实也正因如此，他把大量时间与金钱都投入到当地的教堂及慈善事业。好在汤姆是个整天乐呵呵而且特别容易满足的人，工作待遇虽说不上好，但还是能让他靠着这微薄的薪水一点一滴地让这个世界变得更美好，这给他带来了无尽的成就感。

几年前，他在当地的银行办理了一个个人退休存储户头，每个月他都会往账户上存50美元。他想着，这样应该能让自己退休后有足够的钱养老了。

汤姆有一个比较固定的朋友圈。朋友圈中有个叫罗伯特的，是汤姆的同事，此人特有冒险精神。为了能去危地马拉旅游，罗伯特向汤姆借了钱。可自从在危地马拉养足

好好先生的存活之道

好好先生慷慨大方，心地善良，家庭、朋友及踏实的工作让他内心无比平静。他不会轻易被形形色色的广告打动，或因为想拥有某样东西而变得魂不守舍。好好先生往往能够履行长期的储存计划，坚守自己的理财蓝图。

好好先生的失败之处

好好先生对钱的粗心程度让人咋舌。这类人容易轻信别人，很容易成为金融掠夺者的攻击对象，特别是当掠夺者们穿着狼外婆的睡衣时（有些掠夺者确实就是外婆级的人物）。好好先生不愿意拖累自己深爱的人，但在面对充满变数的未来时，如果他们不拿出些像样的计划，他们肯定会让他们深爱的人失望。

了精神而且开开心心地回来后，罗伯特却只字不提还钱的事。在走廊里尴尬地遇见几次后，汤姆决定，干脆不再催罗伯特还他钱了。友谊毕竟要比金钱宝贵，而且说不定罗伯特送他的那条舒服的羊驼绒围巾的价就不止他借给好朋友（至少在当时还是好朋友）的 300 美元呢！汤姆和罗伯特的朋友们都为汤姆的软弱感到吃惊，敦促着他去把钱给要回来。但在汤姆看来，多一事不如少一事，即使这意味着他要把期待已久的河上漂流计划暂时搁置了。

汤姆的人格分析

汤姆的人生有着很明确的目标，那就是将自己的时间、

第二章 好好先生　27

学识无私地奉献给全人类。他有非常强烈的道德感，心中总是能够原谅他人对自己犯下的错误，忘记那些不开心的事情。当然，在这世界上还是有那么几件让他鄙视的东西，拉尔夫·纳德（美国现代消费者运动之父）算一个。还有一个呢？那就是这世上最腐蚀人心的力量了。

那就是金钱！金钱！

好好先生们可以搬出大量的证据来证明：钱自古以来就是万恶之源。那些家财万贯的金融巨头是好好先生们最瞧不起的人。而那些没多少钱，甚至是故意让自己过着寒酸日子的人倒成了好好先生们欣赏的对象。如果好好先生的孩子的偶像不是特瑞莎修女而是帕丽斯·希尔顿，那他准会气疯掉。为了让家人和自己躲避邪恶的金钱，好好先生可以不惜一切代价。

但不幸的是，汤姆简单地把钱和邪恶联系在一起后，他就看不到金钱的另一面了。比如说，一个合理的理财计划给人们带来的安全感。如果汤姆一边过着简朴的生活，一边又慷慨地用自己原本就不多的钱帮助别人，那最后他会因为过于无私而养不活自己，更别说养活自己深爱的人了。

当然，既然你在读着这本书，你就不太可能是好好先生。好好先生在逛书店时绝对不会逛到财经类书籍的区域，就算有的话，这种几率肯定比他们用 TiVo 数字录像机看《豪门恩怨》（*Dynasty*）的可能性还要小。但是，我们不得不承认在我们身边有这样的人。不管怎样，为了让这些高尚的人能生活得更好些，他们身边的人应该给他们一些积极的建议。

现在就行动起来

好好先生们对人从来不缺少热情，因为冷眼旁观的人是很难让这个世界朝着更美好的方向前进的。因此，要想改变好好先生，最好的办法是：把他们在经济上的成功和家庭幸福、慈善事业及整个社会的进步联系起来。只有当他们看到自己的成功能够帮助那些真正需要帮助的人时，好好先生才会真正对自己手中的钱另眼相待。

好好先生们按照自己内心深处的意愿生活，在投资上也不例外。但是不用担心，他们可以在获得投资回报的同时帮助别人，即通过社会责任投资，这种投资形式简直就是为好好先生们量身定制的。

社会责任投资（Socially Responsible Investing，英文缩写为 SRI）已经有几十年的历史了。在这种投资理念下，被投资公司最显著的特征是，他们不但要遵守相应监管机

第二章　好好先生　29

构的规定，还要兼顾一定的社会责任。比如说，一家公司如果抵制香烟、赌博、酒水或军工产业，那它就可以成为有社会责任感的公司。这类公司也可能是在环保方面做得特别好，或在保护人权，捍卫劳工利益，甚至在堕胎、全球医疗和动物保护权益等问题上坚持某种积极的立场。

人们现在特别关注那些致力于赞助、研究和开发可替代能源的企业，最近几年这类公司的利润率在飙升，原因也是显而易见的。另一个离我们更近的例子是金融领域的小额贷款，这是一种专门给不发达地区的个人提供的小额低利息贷款。近年来，小额贷款业务得到迅猛发展，这不仅是因为它几乎无可挑剔的良好回报率，更是因为它带来的社会效益。小额贷款对提高当地生活水平起到了至关重要的作用，许多贷款都贷给了当地的妇女，让她们购买牲畜和建筑材料等廉价产品，从而开始自己的创业之路。

投资者可以通过经纪人账户购买这些社会企业的股份，每次购买一股或多股，或者投资那些针对社会企业的信托基金。

众所周知，社会企业出现于 20 世纪 70 年代早期，当时正流行迷幻 T 恤，电视剧《哈哈笑》刚放第一集，反战运动也正进行得如火如荼。Pax World 管理公司也在这个时候开创了第一个在投资时既考虑经济回报也考虑社会效益的信托基金。今天，这种既能让我们钱包鼓起来也能让我们的内心丰富起来的信托基金已经达到了 175 个。

你可以看看图 2-1。

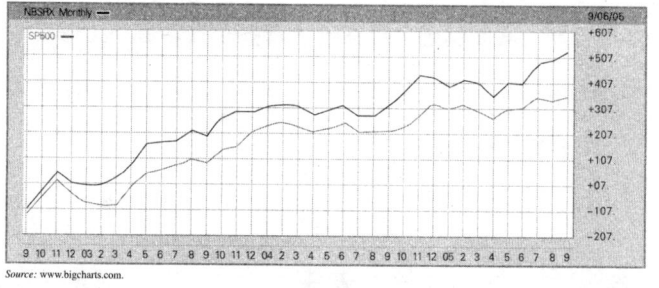

Source: www.bigcharts.com.

图 2-1　股价走势图

图 2-1 下方的横栏表示的是从 2002 年 9 月到 2005 年 9 月的月份，右手边的纵栏表示的是每股价格的变化。

图中靠上的那条曲线是纽伯格伯曼社会责任基金公司（英文缩写是 NBSRX）三年来的价格走势图。纽伯格伯曼公司是一家非常成功的社会企业，我们不难看出三年来它的盈利率已经超过了 60%，也就是说，如果你投资 1000 美元，经过 36 个月，那 1000 美元已经变成了 1500 美元。下面那条走势相同的曲线体现的是标准普尔 500 指数（即美国 500 强企业平均指数）的增长，标准普尔 500 指数是最能体现整个股票市场态势的指数。从图中我们可以看出，

第二章　好好先生　31

美国 500 强企业的平均指数的回报率还不到 50%。

纽伯格伯曼社会责任基金公司是一家大中型信托投资公司（对于大中型企业来说，该公司可谓是投资风向标）。它通过一个特殊的金融筛选系统先选出符合该基金投资标准的公司，在此基础上再筛选出那些"在环保、工作环境和就业等方面具有一定表率力的公司"。具体可参见该公司网站：www.nb.com。

未来

从梦想着手

对于好好先生，我认为与其让他局限于一个开支计划，还不如先和他谈谈他的梦想。汤姆也搞不清自己退休后每个月得花多少钱，但假如你问他，如果有足够的钱，他会怎样去帮助其他人，你就得做好听一次长篇大论的准备了。

好好先生们擅长想象自己要干的事情。如果你能让他们明白，只有自己具备足够的能力才能够去帮助别人，他们就会很乐意去制订自己的存储和投资计划了。好好先生啊好好先生，你要救人，自己得先戴上氧气罩啊！

具体实施方案

要保证好好先生们退休后有足够的养老金，有以下三种途径：

- 第一种方法是：通过他的个人退休账户。与其把钱存在银行里，不如把钱用来投资那些能迎合他们社会责任感的社会责任信托基金。汤姆只要在谷歌里搜索"社会责任感"，就可以了解各个领域的社会企业家们的相关信息。我在《投资未来》一书中已经详尽地介绍了怎么进行信托基金投资。

- 第二种方法是：把钱投入受美国政府保护的避税年金计划，又称为 403(b) 计划。大多数非营利组织都会提供这种计划。403(b) 计划同个人退休账户差不多，但是每年的可存款数目更多，而且当你急需用钱时可以从里面支取。汤姆所在公司的财务部或者人力资源部门的相关人员会就这方面问题提供更详细的信息。

- 养老金计划也很适合好好先生。简单地说，养老金计划就是你在保险公司那设的存款账户，它不同于人寿保险单，也不需要你做任何医疗检查。

与其他存储计划相比，养老金计划有很多优越之处。比如说，你的钱在养老金账户里会不断增加，但是不需要为增加的那一部分纳税。如果把钱放在银行里熬利息，年底你会收到银行寄给你的1099INT表，要你缴纳当年所得利息的税，就算你从银行里没取一分钱，你还是得填单子纳税。根据法律对养老金账户的规定，只要你不取自己的养老金，你是不需要交那部分税的，因此养老金计划也叫做延期赋税账户。这样一来，你原本需要用来纳税的那部分钱也将在账户里面生息，这是给你带来额外收益的好方法。

养老金计划还能提供一些担保，对于那些不想承担太多风险的人来说，这是相当重要的。大多数养老金计划都会有一定的利率保证，一般是在3%。最常见的养老金计划是固定养老金计划。你可以一次性或分期存入，并根据当时的利率获取利息（这个利率只会比合同中说明的利率高）。他们怎么能保证给你的回报呢？很简单，那就是让你长期不去动用这笔钱。你必须向保险公司保证，15年甚至更长时间内都不去这个账户上取钱，这样保险公司就可以拿这笔钱进行长期投资，获得更多的利润，而获得的利润最终有一部分会反哺给你。

还有一种变相的固定养老金计划，它根据标准普尔500指数的增长来决定你的利率，因而又叫做指数养老金计划。这种养老金计划比较适合那些既想有稳定资金回报又想参与股市的人。保险公司以指数增长为基础，给你的账户分摊一部分它的收益。比如说，你的指数养老金计划给你的收益率是50%。如果美国500强企业的平均指数上涨了8%，那么你的收益将是4%（即市场收益的一半）。

有的养老金计划也是有风险的，比如浮动式养老金计划。这种计划并不是把你的钱放在固定账户让你赚取利息，而是将这笔钱投资到一些类似于信托基金的子账户中，这种计划不会向你担保一定有经济回报，你的存款会随着你所选择的基金业绩的变化而上下浮动。

但是，在享受避税特权的同时，美国政府对你也不是没有任何要求的。如果你在59岁之前从养老金计划中取钱，不管你投资的是哪种类型的养老金计划，只要取了钱，你不但要为所得利息纳税，还要被联邦政府处以取出金额10%的罚款。因为，养老金账户里的钱是让你退休以后用的，而根据美国政府规定，你只有在59岁半以后才能使用里面的钱，早一天也不行。

为什么我要不厌其烦地推荐好好先生们把钱投入退休计划或养老金计划呢？很简单，他们天性大方。虽然这是

第二章　好好先生　　35

你们的兄弟姐妹

好好先生的兄弟姐妹有佛祖、耶稣、甘地等。他们都是无比高尚的人物，他们的反战行为和著作让这个世界更加美好，而这一点的确是钱无法做到的。但遗憾的是，他们中没有一个人把钱投资于社会责任基金，也没有一个人在他们的书中提过这样的建议。

人类值得赞赏的一种品质，但这种品质对理财计划的打击却是致命的。因此，我主张好好先生们把尽可能多的钱投入退休计划中。这样一来，他们短期内就很难再使用这些钱，还能让他们在需要钱的时候不至于捉襟见肘。不然的话，一不小心一项"高尚"的事业就能把这些钱全吞掉。

未雨绸缪

大多数好好先生都不会觉得人寿保险是什么好词。但是，如果你是某人的经济支柱，你就不得不好好考虑这个东西。况且，我们讨论的不是资金回报的问题，而是作为一个养家糊口的人的责任。根据业界常用的估算方法，以自己七到八年的工资来确定保险金额应该是一个比较合理的选择。

不要指望好好先生会拿支笔坐下来想出一个合理的具体的保险额，这根本不可能。对于好好先生，我推荐永远保险的万能人寿保险，这样也能增加他们退休后的可支配资金。如果在他去世后，他的家人不需要这笔钱，他可以选择把这笔钱捐给慈善组织。如果他还没有去世，可以直接按照现金价值把存款取出来。

你是好好先生吗?

也许你认为自己在理财上是非常理智的。但是，如果你平时连看福杰仕咖啡（Folgers）的广告时都会流泪（我就流了），你得注意了，说不定在理财上你也像好好先生那样，有混淆理智与情感的倾向。

下面这个测试也许会对你有所启发。但是得提前说明，这不是一个测试人格类型的专业测验，这个测验只是为了解开你的一些困惑。比如，也许善良的你钱总不够用，究根探源，仅仅是因为你在潜意识里把钱和堕落联系在了一起。

请在以下题中选择你的答案。

1. 当我为自己花了很多钱时，我会感到内疚。

        同意　不同意

2. 我认为钱是罪恶的根源。

        同意　不同意

3. 我把更多的钱花在了我认为有意义的事业上，而不是自己身上。

        同意　不同意

4. 别人在经济上的需求比我自己的需求更重要。

        同意　不同意

5. 人要活得真正有价值，一定要过朴素的生活。

        同意　不同意

如果你在三道以上的问题中选择了"同意"，你多半是个好好先生了。

你在精神上毫无疑问是富足的，钱对你来说只是用来做善事的。坚持你的道路走下去吧，但同时也要建立自己的长期存储计划。这样一来，你就不用花太多的时间和精力来关注自己的账户，从而可以全身心地投入到你在精神上的追求和帮助你身边的人。

给好好先生们的赠言

你珍视每一个出现在你生命中的人，你富有同情心，总是记得别人曾经对你的好，乐于帮助他人。当你走到生命尽头的时候，你一定会为自己充实的一生感到无比满足，因为那些承受苦难的人由于你的帮助而幸福过，那些经历悲伤的人因为你给予的温暖而开心过，那些曾经困惑的人也在你的建议下找到了新的人生方向。

但是，你处世的方式有时候会让你放弃本来属于自己的权利，放下那些原本自己想做的事情，许多想说的话也因为害怕伤害别人而藏在自己心里。可是，你是不是也应该坐下来静静地想想自己曾经拥有的梦想。你也有自己的需要啊！你也应该为自己活一活！

你应该去夺回那些本来就属于你的东西。因为这么做不但对自己好，对那些想夺去你东西的人也是件好事。不要害怕对抗，因为对抗也是一种让双方成长的方式。充满自信地说出你想说的话，坚定不移地去做你想做的事。有礼有节地去表达自己的观点、分析双方的观点，要知道这种碰撞是有积极意义的，它能让双方都变得更加强大。暴风雨后获得的平静才更加持久，那些勉强维持的平静才是最危险的。

努力去发现什么才是自己真正想要的东西，然后争取得到它，不要有任何内疚和难过。只有这样，你才有能力把这个世界变得更加美好。为了做到这一点，你首先要学会帮助自己，以及接受别人的帮助。要完成你的伟大使命，你总需要一定的能量吧，你需要吸收身边的人反射来的能量。因此，你要敢于寻求帮助，并且乐意接受帮助。只有这样，你与身边的人才能产生最大合力，产生"一加一等于三"的效应。

好好先生们，快找回那块属于你们自己的天空吧！至少要像他人重视你那样去重视自己，去心安理得地接受他人对你的感恩之情，甩开你那谦卑的自我形象，去享受被大家爱戴的快乐。这不是虚荣，这不是傲慢！你是那样的善良，你本来就应该为此感到自豪、感到幸福。那些被你帮助的人的名单每天都在增加着，请一定记住，务必要让自己的名字也在那份名单里出现。

第三章

完美主义者

从前，有个完美主义者。

如果上帝能给我显现一些神迹该多好！

比如，在瑞士银行以我的名字存一大笔钱。

——伍迪·艾伦

盛夏，一个令人激动的下午，比尔开车带着他的大儿子吉米去棒球场参加棒球决赛。父子俩盼望这天盼了好久，比尔暗自为吉米的成长感到惊讶。在他眼里，只要孩子有这个意愿，凭他那出众的竞技天分，一定可以成为一名非常出色的运动员。到比赛馆后，吉米就赶紧去做热身运动了。比尔开着车把整个街区都转了个遍，好不容易才找到一个合适的停车位。然后，比尔来到比赛馆的观众席，但问题又来了：那么大一个露天看台，他该坐哪呢？

琢磨了将近半个小时，比尔终于找到了一个观看儿子比赛的绝佳位置。这个位置既不是太靠左也不是太靠右，高度也适中，正好可以俯视整个棒球场。而且，根据他的推断，大概到比赛的第三节时这个位置就晒不到太阳了。在炎炎夏日里，这绝对是个极其聪明且富有远见的选择。比尔暗自庆幸自己找到了一个好位置，心想就它了！

但是……慢着，最好的位置好像应该是再靠下两排的那个，可那个位置被吉米他们队游击手的母亲占着。

这下比尔可有些按捺不住了。如果自己能坐到前两排那个可以看到教练的位置该多好啊！因为在那儿就可以看到教练给场上的吉米打的每一个手势了。也许，自己应该直接去和游击手的母亲谈谈。毕竟，掌握比赛的每一个细节对比尔来说是多么重要啊！这样他在家和儿子做投掷练习时才能更有针对性。所以，比尔一直用忌妒的眼神盯着那个位置看，甚至都没办法专心享受比赛了。他焦躁得一会伸伸下巴，一会挠挠耳朵，可正当他下定了决心并准备去拍前面那位女士的肩膀和她交涉一下时，却看见吉米跑到了运动员休息区，正对着自己疯狂地挥着手。

比尔莫名其妙地看着孩子。吉米继续挥着手，并示意着父亲回到刚才的位置上去。比尔纳闷了："这孩子到底怎么了？"他发现，儿子嘴里正对着他说着什么，看了半天的嘴型，比尔才明白孩子在向他大声说着："爸爸，别那样！爸爸，求你了！就老老实实坐那吧！"

比尔一脸无辜地看着孩子，耸耸肩，伸出手问道："怎么了？"

"你自己知道这是怎么回事！"说到这，吉米抓着身旁队友的胳膊，用力地推着他的肩膀，示意他老爸往回走。

第三章 完美主义者 43

"嘿，哥们儿，怎么了？"那名队友甩开吉米，感到莫名其妙。

"不好意思，还不是因为我老爸。他刚才想同马蒂的妈妈换座位。他啊，没坐到个好位置誓不罢休，但是一旦坐到那了，他还要找一个更好的位置。整场比赛他都会换过来又换过去的，总觉得别人的位置才是最好的，他就这样！"

孩子这一弄让比尔暂且打消了同马蒂的母亲换座位的念头，不自在地又坐回了自己的座位，心里想着："这个吉米啊！那好吧，我就坐着了，说不定这个位置还好一些呢（那是不可能的）！"但是，坐定后他发现这个位置果然更好，因为马蒂母亲的那个位置不方便拍摄。

可是，这下坏了，比尔想起来自己连数码照相机都没有。

一想到这，他感到无比内疚。他多么希望自己已经把那台觊觎了好几个月的数码照相机买下来了，这不，现在就可以派上大用场了。但是，当时有那么多的款式和那么多的功能供他选择，他要作那么多的分析和决定，以至于晚上做梦都是关于像素和镜头之类的东西。于是他干脆安慰自己，虽然老式照相机已经过时了，但是他更习惯用，比先进的数码相机更适合他。

比尔去了四趟商店，回来后压力却一次比一次大。每次去商店，比尔都要和售货员咨询好几个小时，售货员都受不了他了，他自己也被那些纷繁复杂的商品信息给弄得晕头转向。于是，比尔决定推迟购买，心想等周末有时间再专门到网上去查查那几款照相机的详细资料。但那都已经是三周前的事了，这可不是比尔第一次为自己的犹豫不决而后悔了。

10年前，比尔的妻子安吉拉看上了一栋都铎风格的房子，但最后却没有买下来。因为比尔坚持要先看完另一家房地产公司的房子再作决定，结果先前那栋房子马上就被别人买去了，而现在它的价格已经翻了一番。诸如此类

完美主义者的存活之道

完美主义者们注重细节，有责任感，对家人充满了爱。一个人能同时拥有这些优点是相当难得的。对完美主义者而言，决定做每一件事情之前都要进行充分的调查，一旦作出决定就一定是一个非常成熟的决定。对完美主义者来说，制订一个合理的节制性预算或最大限度减少纳税都是小儿科了。

错过投资机会的事情还有很多，买房事件不是第一次了，当然也不会是最后一次。

经历了买房事件后，比尔安慰自己：犯下这样的错误主要是因为自己对房地产行业不怎么了解，还不熟悉买房子的操作流程，如果这么仓促地就把东西给买了他会感觉不够完美。可不论自己做了多少调查，他总会觉得自己漏掉了一些至关重要的信息，而这些信息才是可以直接决定成败的。安吉拉说这是"分析性瘫痪"。但是，比尔还是坚持认为仔细分析各种可能性总比盲目行动要好。毕竟你不能指望那些房地产售楼人员对房子的情况了如指掌，就算他们了如指掌，你也不能指望他们什么都会告诉你啊。总之，不管面对什么事，他都习惯提前把功课做得非常充分。

完美主义者的失败之处

注重细节是完美主义者的长处。但是，任何长处一旦走向了极端就必然成为短处。比尔在研究问题的时候总是害怕将自己的研究付诸实践，担心自己疏忽掉了关键信息，进而很难拿出一个最后决定。这个习惯会给他自己及他的家庭带来无尽的财富损失和精神痛苦。

比尔深叹了一口气，让自己的思绪又回到了比赛。吉米正在击球，他把球打到了场地以外，好漂亮的一个本垒打！比尔这会儿自豪极了！当吉米从击球位置慢跑到三垒时，比尔发现自己眼眶都湿了，心想着要是自己能早点克服优柔寡断的缺点该有多好。

比尔的人格分析

比尔总是因为过分注重细节而失去对事物的宏观把握，他甚至会把各种有可能发生的紧急情况都考虑得清清楚楚。让家人逃避各种灾难的生存掩体是比尔曾经计划过的一个大型工程，但是他一直拿不定主意选择哪家公司的家庭掩体。所以，直到现在他家后院还有一个大坑，也没见什么掩体，他甚至不愿意把那个大坑改造成一个泳池。

在投资上，比尔轻易不会上当，他绝不会被自己的贪欲所害，但却往往会受自己的恐惧心理所累。完美主义者如果做好了充足的准备，总是可以买到最美味的食物、质量最好的衣服和性价比最高的奢侈品，因为能达到他们心中苛刻标准的东西可不多。

每年的 4 月 15 日晚，即美国报税截止日的午夜，你总能看见比尔在邮局前排着长队等待个人保税，为的就是最大限度地拿到退税。完美主义者时刻都在计划着获得最大利益。那么，是什么信念支撑着他们这样做呢？那就是对完美的追求。他们希望自己永远不犯错误，让一切都在自己的掌控中。

如何趋利避害

好吧，坦白地说，如果你是一个完美主义者的话，你是不会轻易向别人承认这一点的。但在内心深处，你希望自己能够轻松一些，不要对自己那么苛刻。你有着不可思议的分析能力，但这种能力最终会导致你在决策上的无能。你的犹豫会进一步导致你对自己的怀疑，甚至让你在做事时变得更加拖拉，从而形成一个恶性循环。但是，其实你可以让自己善于分析的性格成为你的优点，而不是缺点，只要你能把它限制在一个合理的范围以内。

现在就行动起来

每当你要作出跟钱有关的决定时，你的脑海里就会出现各种各样的声音。这些声音有时会在入睡前在你耳边出现，有时甚至在睡梦中客串成别人来折磨你。当然，你相信这些声音都是站在你一边的，它们看上去也确实像是站在你一边的。因为它们在不断向你发出警告，不断地提醒你万一这样或那样的话你该怎么办。比如说，万一利率上涨了呢？万一你要提前用这笔钱呢？万一有一个更好的投资渠道呢？正是这些烦人的声音让你一次又一次在应该作出决定的时候裹足不前。现在，你不能再这样任它们放肆下去了。

首先，你要为自己的大脑重新设置一个重要观念。比如，当你想买一个"最好的"房子、"最棒的"照相机、"最舒服的"沙发、"回报率最高的"信用违约掉期（英文缩写为 CD，一种金融衍生工具）时，请把你脑海中的句法调整一下。我们怎么可能找到全世界最好的那样东西呢？你应该把所有的"最好"、"最完美"改成"比较好"。

比如，你要找一栋自己能支付得起的"比较好"的房子，一个"比较好"携带并且能照出"比较好"的照片的相机，一个可以和老婆及家里的狗一块儿舒舒服服地躺着看周一晚上橄榄球赛的"比较好"的沙发，一个可以让你跟上通货膨胀的"比较好"的信用违约掉期……当你在大脑中将这些需求的语言重新组织后，一切事情就变得简单多了，你也可以很轻松地作出决定了。所以，每当你想得到那个"最好的"东西时，提醒自己，何必强求呢，"比

第三章 完美主义者　49

较好″的就足够了。

同样，你还应该把″我必须″、″我应该″等词改成″我最想要的″、″我最喜欢的″。你″必须″做的事情是你通过逻辑分析用纯技术手段得出的结论。比如，为你的旅游账户选择一个你所在小镇上存款利率最高的银行。但是，你″喜欢″的事情却往往是另外一回事。比如，你和附近一家银行的出纳员是好朋友，也许这家银行的年利率比小镇上利率最高的那家银行要低个 0.025%，但你为了朋友还是可以选择这家银行。你完全可以作出一个更有利于提高自己幸福指数的选择，干脆利落地去执行，然后不再多想。

未来

以下是给完美主义者的一些忠告。

如果你每月要为自己的理财状况从不同的角度做十个分析报告，那么，现在是你简化这个程序的时候了。选两个最能客观反映自身金融现状的方案，然后毫不犹豫地把其他方案全部舍弃。除此之外，这种对自身理财状况的全面分析每月做一次就够了，而且仅有的一次也要有时间上的限定。如果自己在限定时间内完成了这项任务，要给自己足够的肯定与鼓励。

当你考虑一个问题时，请不要把一些无关紧要的细节都扯进来。为了做到这一点，你可以事先列出一个单子，把那些必须要考虑到的事情和可想可不想的事情都列出来。这两种事情都列出同样多个，然后坚决地贯彻前者，把后者完全抛开。

你还得记住，不要认为什么事情都得自己一个人来做，理财顾问也可以成为你的左膀右臂。你可以把理财顾问看成是你装修房子时的室内设计师。你告诉理财顾问自己大概喜欢什么，让他去给你找相应的装饰。当然，你得把他帮你找的东西控制在一定的范围内。总之，你应当充分利用好理财顾问，让他们在前面为你开道。这样，你就有更多的时间来陪自己的家人和朋友，而不是整天在办公室研究那些数字。同时，你的生活也会变得更加平衡。

此外，你还应当去探索在"存款"与"投资"之外的其他领域。储蓄存款账户相当于你财富的一个两年左右的停靠。其实，除了这种最保守的理财方法以外，还有很多既赚钱又保险的理财方法。比如信用违约掉期、货币市场基金、短期国债和两年期债券，通过这些理财方式获取的利润比普通储蓄存款要多，而且风险也比较小。

如何让自己的钱安安全全地留在自己手上，这可是门大学问。毕竟，再有魄力和耐心的投资者也不会希望看到

第三章 完美主义者 51

自己的钱打了水漂。但是，如果你把自己所有的钱都存在这些传统的储蓄账户上，你的钱极可能"越存越少"。因为，钱怎么也打不过它永恒的宿敌：通货膨胀。

让我们来假设一下，通过你的精确分析和完美计划，你找到了一个利率高达 4% 的储蓄存款账户，你往该账户里存上了 1000 美元。你感觉美极了，然后舒舒服服地坐在自己最喜欢的椅子上，过着逍遥的日子，偶尔信手翻翻报纸。突然有一天，你看到报纸的经济版块上说"通货膨胀率上涨到了 3%"，这对你和你的存款来说意味着什么呢？让我们拿出最可靠的计算器来算一算，一年后能有多少利息。

1000 美元乘以 0.04（4% 的利率）是 40 美元。也就是说，如果在未来 12 个月，储蓄存款利率一直高居在 4%，你可以赚到 40 美元的利息。这样来看，你的钱真是太安全了，何况你还多了 40 美元呢，听上去是挺不错的。但慢着，最后能落入你口袋的钱绝不会是 1040 美元。如果在未来 12 个月，通货膨胀率是 3%，那么你的 1000 美元存款在这段时间里要贬值 3%，也就是 30 美元。当然，在账户上你看不出具体数字的减少，但是，当你把钱取出来去商店买东西时，你那 1000 美元的购买力较一年前已经下降了 30 美元，因为在这段时间里商品的价格上涨了。

也就是说，你通过利息赚了 40 美元，但是通货膨胀让你损失了 30 美元。如此一来，你在一年后的利息收入就是 10 美元，这是否意味着你只有 1% 的获利率？事实远不是这么简单！如果你的账户不是个人退休账户，或者 401(k)、403(b) 等账户，那你在年底时还会收到银行给你寄来的提醒单，提醒你该为利息缴税。这又是一笔损失啊！因为你还得根据美国国税局给你定的纳税指标向政府缴纳一部分税款，就算你没去银行取钱你也得把这笔税给交了。如果你的利息是 40 美元，那你要缴的利息税可能在 4 到 14 美元之间不等。

你看，如果只考虑通货膨胀，你的账户中还能有 10 美元的盈余。但是，如果把利息税也考虑进来，这将导致你的银行存款在年末结算时的金额比年初还少。就像上文所说，你的存款"越存越少了"。所以说，通货膨胀是个非常非常可恶的家伙，你必须转向那些随着通货膨胀浮动的投资方式。否则你就会发现，自己在理财上刚往前迈了一步却又被通货膨胀往回推了两步。

想知道我的建议是什么？很简单，设立一个"疯狂"账户，把自己 2%、3% 甚至 5% 的收入放到这个账户里，把这个账户的钱投入到基金或证券市场。把这笔钱当做是用来赌博的，强迫自己不要只把钱死守在银行里。要有一套自己的投资方式，按照自己的标准来买进和卖出。当然，

第三章 完美主义者 53

> 记住，如果连一步都不迈出，
> 你就连一秒钟都争取不到。
>
> ——迈克·托德

也不要指望自己的每一次决策都是正确的。随着科技的日益进步，有些投资工作你甚至不需要任何顾问的指导，坐在自家的电脑前就可以完成诸如买入基金或开通经纪人账户等工作。

你是完美主义者吗？

看到这，也许你已经很清楚自己到底是不是完美主义者了。但是，为了让你的判断更有权威性，不妨做一做下面这个轻松的小测试。

在你同意的选项上画圈。

1. 在计划假期时，我总是期望把每一个细节、每一笔消费都提前计划得天衣无缝。

　　　同意　　　不同意

2. 我可以很精确地计算出每个月的月底我能剩下
多少钱。

  同意　　不同意

3. 和投资相比，我更倾向于储蓄。

  同意　　不同意

4. 如果一定要有一个座右铭的话，我的座右铭就
是：条条大路通罗马，做事需要考虑多种方法。

  同意　　不同意

5. 即使是在情绪特别低落的时候，我也不会通过
花钱来让自己开心。

  同意　　不同意

　　如果你在三道以上的问题中选择了"同意"，你大概
是一个被淹没在细节大海中的完美主义者。停止你的精打
细算吧，开始真正的生活！有些时候，你根本无需想太多
没用的事情，就当是站在游泳池的跳台上，捏着你的鼻子
勇敢地跳下去吧！记住，当你做一件事情的时候，没有必
要把它的每一个细节都掌握得非常清楚。也许刚开始你会
感觉诚惶诚恐，生怕自己错过了什么关键的细节。这很正

第三章　完美主义者　　55

常，就算你在内心深处无法立即克服这种恐惧，也可以先勇敢地行动起来。你的能力毋庸置疑，虽然你无法控制所有的事情，但是处理好当前几件应该处理的重要事情你还是游刃有余的。

给完美主义者的赠言

记住：实践才是最好的学习方法。其他任何方法都无法像实践那样给你带来如此多的信心，并如此丰富你的人生。所以，给自己加把油，把你学到的东西转化为实践吧。当然，在实践的过程中你也要融入自己的观察和见解，而这些观察和见解一定要有事实支撑。

想想一个一岁的小孩是怎么学会走路的？他唯一的方法就是通过不断的失败，一次次地摔倒然后又一次次地爬起来。同样，想想一个小时候没学会游泳的人长大后是怎么学游泳的吧。你觉得他要怎样才能学会？通过一遍遍看游泳教程？推敲物体浮在水面的物理学原理？还是通过不断地练习呢？当然，初学走路的小孩不能让他在危险的悬崖边练习，第一次学游泳的人也不能让他在泳池的深水区里学习。我们对每个阶段的学习所能承受的风险应该作一个合理的评估。同样，我们在日常生活中作各种决策也是这个道理。不要害怕犯错，不要奢望你能把所有事物都置于自己的管控下。不错，你有着惊人的分析能力，哪怕是对非常小的细节。但是你有没有想过：优柔寡断本身也会给你带来风险呢？

在生命中，我们有时必须斩钉截铁地作出决策，然后继续前行。不管是决定买进、卖出、投资还是其他。在这些时候，就算作出错误的决定也比什么决定都不作要好。不作为可以给你带来一种心理上的虚假安全，之所以说这种安全感是虚假的，是因为你迟早会为自己的不作为埋单。相反，如果你能勇敢作出决定，也许刚开始你会为自己在信息匮乏时作决策而感到特别不确定和焦虑。但很快你就会为自己能在有限信息的指导下作出决策而感到骄傲了。这样一来，你不但可以享受当下，也可以避免自己将来后悔。

再给你一个建议。一百多年前，意大利经济学家维尔弗雷德·帕累托发现：在他的国家，20%的人掌握着80%的财富。几年后，基于维尔弗雷德·帕累托的研究成果，约瑟夫·朱兰博士提出了著名的"帕累托法则"（也叫80/20法则）。该法则可以大致表述为：20%的原因可以解释80%的结果。比如说，一个公司的售后部门每个月接到一百条投诉，如果一共可以归纳出20个原因，该部门只要能选出其中最主要的四个投诉原因，再解决这四个问题，就可以让每个月的投诉量减少 80%。也就是说，把精力集中在最关键的 20% 上效率才是最高的。所以，你在作决定的时候不妨采纳"帕累托法则"来提高你的效率。

$ 第四章

酒神型

从前，有个酒神。

"担心什么冬天啊！"蚂蚱说道。

——伊索寓言

这绝对不是一般意义上的派对，其场面之隆重足以让古罗马竞技场上的农神节都黯然失色，更让办公室的生日庆祝变得让人难以忍受。在这个派对盛典上，到场的都是乔治·普利姆顿和帕米拉·安德森这类的明星们。他们在精美的冰雕和像瀑布一样不停流着热巧克力的喷泉旁相互交谈着。这么奢华的社交庆祝方式你这辈子也别想再见到，除非——除非迪安决定用他无与伦比的想象力和那只用来签单的手再疯狂一把。

开着一辆新得发亮的黑色宝马跑车，迪安打了个哈欠。这时，天边已经泛起了一丝微亮——原来派对开到这么晚了（或者说天色这么早了）！突然，他想起自己还有件事儿没办呢！没办法，他一边埋怨着自己一边掉了个头，沿着大街又往回开去。

我们的"有钱爸爸"①迪安为了今晚的狂欢可是花了血本。但他觉得，能营造一个充满欢笑和美酒的气氛让大家开心一把，花血本也是值得的。迪安就是这样一个人，喜欢送给朋友一些奢侈的礼物，甚至让人都不好意思接受。其实，有时候他的朋友们并不喜欢这样，因为礼尚往来，他们知道总有一天自己也得还贵重的礼物给迪安。可迪安喜欢把自己想象成一个现代的印第安纳琼斯式寻宝者。只不过，他手里拿的可不是鞭子，而是美国运通卡。迪安的前女友曾经偶然透露了自己对阿们宗人②的马车情有独钟，结果圣诞节那天，她家门口就摆着一个用超大礼品袋包好的阿们宗马车。当前女友对迪安开玩笑说，怎么没看到拉马车的小马时，迪安的脸色一下子就沉了下来。是啊，他觉得女朋友说得没错，连马都没有，马车又有什么用呢？尽管后来她女朋友一遍又一遍地解释，说自己刚才只是开玩笑而已，可迪安脑子就是转不过弯来。

迪安真希望那天晚上的派对可以一直进行下去，永远

---

① 漫画《小孤女安妮》中的人物。原名为"Daddy Warbucks"，该人物在漫画中收养了小主人公安妮。现已成为美国慷慨的有钱人的代名词。——译者注
② 美国一个保守的旧信条群体。该群体的人拒绝一切现代化的东西，出行只用马车。——编者注

酒神的存活之道

酒神们在建立人际关系网方面绝对是个行家。他们很擅长同他人交流,轻易就能让思想和创意在人与人之间充分迸发。如果哪天酒神失业了,或是遇到了什么天灾人祸,不用担心,他们积累下来的人情(还有那厚厚的好友簿)一定会帮助他们走出困境的。

不要停下来。在派对上,他邀请了一支三人乐队,在乐队的伴奏下,迪安尽兴地跳了好几个小时的舞。当然,最让他满意的还是那个巡回魔术师的表演。那个魔术师可真够厉害的,能把人们口袋里、包里甚至藏在耳朵里的钱都给变走。他那高超的技艺征服了在场的所有人。迪安希望自己下次有钱办派对时,还能请到那个魔术师。虽然,他也不知道派对结束时得付给那个魔术师多少钱,反正不会是笔小数目。

哎,其实花这么多钱也不是迪安的错。从筹备的第一天起,这个派对就像有了自己的生命一样,迪安完全无法驾驭那些开支。各种富有创造性的花销从他嘴里源源不断地流出来,就像派对喷泉里不停流出来的热巧克力一样。

酒神的失败之处

酒神们做事拖拖拉拉，还喜欢逃避责任和义务。这一点令他们臭名昭著。如果他们不控制住自己的开支，那他们将面临巨大的债务。这意味着他们一向珍视的人际关系也会遭受灭顶之灾。

"应该没什么问题吧？"迪安暗自安慰着自己，这句话简直成了他的口头禅。"发出去的请帖没有一张被拒绝。这是个好征兆，说明事情会进展得非常顺利。一定是这样！"筹划派对时，迪安总是这样自言自语。

开到一个停车场时，迪安把车拐了进去。把车停好后，他做了当日的最后一件事，为这个近乎完美的夜晚画上句号。他走进一家灯火通明的便利店，从那个从来未曾露过笑脸的店员手上买了一张彩票。迪安每隔两周就会买一张，然后仓促地向上帝祈祷一番，希望这张彩票能让他实现自己的梦想。这个祈祷虽然有些仓促，但是绝对源自真诚！

迪安的人格分析

迪安有一份好工作、一群好朋友、一辆好车，当然，他还有一大堆的债务。他对昂贵的衣服、美酒及奢侈的派对有着自己独特的品位。也正是因为这些品位，他付出了巨大的经济代价。他没有一个储蓄存款账户，甚至在雇主赞助的401(k)账户上也没有任何存款。

每个月付完了房租、汽车租金、水电费和其他费用后，迪安的账户里基本上就一分钱也不剩了。其实，他还经常通过拆东墙补西墙的方法，拿这张信用卡的钱去贴补另一张刷爆了的信用卡。到目前为止，迪安在经济上还能勉强维持。但最近，他的内心深处开始产生一种非常不祥的预感，好几次都在半夜里突然惊醒，一身冷汗，仿佛自己冥冥中正陷入一个不断下旋的旋涡，将会遭遇数不清的麻烦。这种莫名的恐惧感就像一块大石头一样压在心头，让迪安非常难受。

迪安出生在一个特别小的城镇。为了拥有更丰富的人生经历，迪安在很小的时候就宣布自己将独自离开家乡到纽约闯荡。由于他是那么热情那么慷慨，家人对他很不放心，担心他会被坏人利用，或是让人把钱给骗走。但不管怎样，他还是作出了这个抉择，决心向家乡父老证明自己的能力。

有时候，迪安一个月的账单远远超出了他当月的收入。为了解决收支的逆差，他经常通过开支票来偿还每月的信用卡账单。这简直太简单了，写一张支票，然后把它存在支票账户里便万事大吉，他的账户马上又回到顺差状态。

但事情怎么可能这么简单！只有在为别人付出的时候，迪安才感到无比幸福。关于这一点，我们根本不需要请精神专家作出诊断后再得出结论。迪安已经习惯让自己长期处于透支状态，习惯通过牺牲自己的财富来赢得别人的友谊。在餐馆里和朋友吃饭时，他总是那个抢着埋单的人；和同事一块儿打出租车时，他总是那个争着付车费的人。偶尔这么大方本来并没有什么不好，但是，大方的做派一旦极端到成为习惯，那就是一种潜在的自我毁灭行为。即使这种习惯能给迪安带来什么好处，也是非常短暂和肤浅的。最终，迪安会对自己的生活非常不满意，进而在潜意识中将奢侈消费进行到底，以此来消除他的不安全感，以及对爱的渴求。

酒神们经常会：

● 非常冲动地作出购物决定；
● 经常去逛大型卖场和综合型商店，并时不时冒出给别人送个礼物的想法；

- 经常买东西，虽然东西并不太贵，但是购物的频率远远超出常人；

- 从来不会做预算；

- 经常使用信用卡，并且经常负债；

- 很少甚至从不记录自己的消费行为；

- 觉得存钱是非常无聊的事情，完全没有可行性；

- 性格外向活泼，身边有许多朋友；

- 即便不能去商店，也会通过邮购或电视购物来买东西；

- 坚信"钱是身外之物，生不带来死不带走"；

- 相信迷惑的时候应当听听自己内心的声音，而他们内心的声音往往会告诉他们：管他三七二十一，买吧！

如何趋利避害

幸运的是，如果你是酒神，将有很多投资方式能满足活力四射的你。但是，首先你得学会如何适度控制你的消费欲望。也许你会觉得这有些不可思议，因为在你的生命里消费才是最重要的，哪有储蓄的份儿。但是，别担心，每个人都可以做到，也许你需要的只是一点帮助。

信用卡

看到这三个字，你的眼睛是不是睁得比你的银行账户还大了？你可以按照以下的要求去做，从而控制住自己脱缰野马般难以控制的消费欲望。

● 钱包里只装一张信用卡，把其他的信用卡都放在家中的保险柜里。
● 在一张纸上写以下内容，然后用这张纸包着你的信用卡。准备好了吗？这些问题是：

我买了这个东西能放到哪儿？

我能用到它吗？

我多久能用到它一次？

我要工作多少个小时，薪水才可以支付这个东西？

买这样东西的钱，我还可以花在其他更有用的地方吗？

我不买这样东西，是不是也可以健康地活下去？

下次刷信用卡买东西时，在你把信用卡交给售货员之前，先好好看看这几个问题。如果你还是觉得应该买，没关系，那就买吧。但如果不是，那你就跟售货员说你改变主意了，然后从容地把信用卡和那张小纸条放回钱包，离开商店。

现在就行动起来

如果我告诉你，不用辛苦工作就可以让你的钱变得越来越多，你是不是会激动得眉飞色舞？如果你打算花出去的钱既不能减少你的债务，又不能填饱你的肚子（此处不是指你花钱去餐馆吃饭或叫外卖），也不能让你的家变得更暖和更安全。那么，你最好先想想，这钱到底值不值得花？你有没有想过，你完全可以把钱花在更有意义的地方。什么地方更有意义？还是我来告诉你吧。你知道吗？股票是最适合你的!

也许我并不认识你，但是如果让我来描述你。我会说，你是一个非常善于观察细节和把握事物发展趋势的人，你总是可以很快地作出决定并将决定付诸行动，从来不会因为过度的思考而犹豫不决。我说得对吗？你擅长从许多不同的角度思考问题，并最终得到一个非常有创意的方案。你喜欢在一个非常自由的环境里高效地工作，因为各种规定和繁文缛节会让你感到窒息，你喜欢做那些能够马上带给你结果和效益的事情。

如果你在读上述描述时佩服得笑了起来，那就对了。投资之母——股票就是你最适合的投资方式。作为个人，你可以部分拥有世界上某家上市公司的所有权。

你不需要非常富有，不需要拥有金融学的博士学位，也不需要知道交易大厅里那些穿着鲜艳制服的人们每天都在忙什么，你要做的只是拿出一点时间和精力。但是，在眼睛被遮住的时候，千万不要莽撞地闯进一个陌生的地方。

为什么像你我这样的人会买股票？因为我们希望能在未来的某个时候，把我们所买的股票以更高的价格转手卖给他人。一旦一个私营公司决定上市，你就可以购买它的股票了。比如说，一个家族企业需要更多的资金来扩大自己的生产规模，增强自己的研发能力，或仅仅是支付孩子在常春藤盟校的学费，为此他们就需要募集资金。没错，公司可以从银行贷款，但这意味着公司到时候还得偿还利息，所以贷款绝对不是一个有吸引力的选择。公司还可以怎么办呢？他们可以把自己的公司像拼版玩具那样切成若干个小份儿，每一小份儿代表一股，公司上市就意味着他们把这一个个小份儿拿到了证券市场上出售。

谷歌是一个著名的搜索引擎，也是我写这本书的得力助手。谷歌公司在 2004 年上市时，每股的上市价格是 85

第四章　酒神型　69

美元。但是，在其首次公开募股后不到一年，每股价格就涨到了300美元。想象一下，如果当初你买了10股，你只需要支付850美元（当然，你还得交纳一定的交易费用）。可几个月之后，你就可以以3000美元的价格转出这支股票了。你看，这难道不是件美事吗？

但是，我也得实话实说，并不是每支股票都能有谷歌这么好的业绩，就算是谷歌本身，我也无法预见它在未来会不会继续保持涨势。

当股票价格发生变化的时候，新价格表示的就是你现在卖掉股票能拿到的金额。这有点像在旧货市场买到的二手货，你根本不知道拿回家后到底能不能用。当然，也正是这种潜在的风险让炒股成了件特别刺激的事情。

不知道你有没有发现一个很特别的现象。在餐馆里用餐时，当一位女士去洗手间，其他女士往往也会跟着去。也许她们的确是正好都想上洗手间了，也许她们只是想独享一小段没有男人在场的交心时间。不管是出于什么原因，这种从众的心态绝不仅仅属于女人，股票也是。当某个行业的某支股票涨了，同一行业的其他股票也会跟着涨，形成一种不可阻挡的从众趋势，直到制约它们上涨的因素出现为止。

我们经常可以看到同一个行业的股票在同一时段上

涨,比如医药股。一个成功的投资者常常可以敏锐地发现,现在的投资领域里什么行业的发展趋势更好。

不过,我们也不一定非要把自己打造成股票侦探级别的投资者,专门去探寻像谷歌或微软这样顶尖的好股。我们也可以一次性购买一批股票,让这批股票里涨势最好的老大哥股着着他的小弟弟小妹妹一块涨。这在证券交易中是一种比较新的投资形式,叫交易所买卖基金(英文简称ETF)。请不要被它的名字吓住,就像装了一篮子内衣内裤一样,只不过这回篮子里装的是一堆不同公司的股票。你投入交易所买卖基金的每一分钱,都平摊到了篮子里的每一家公司。也就是说,一旦你使用这种投资方式,你无法具体选择某一支股票。如果卖出,就意味着你把所有公司的股权都卖掉了。交易所买卖基金还有许多有趣的别名,比如"钻石"、"跳方块"或"蜘蛛"等。

"跳方块"代表的就是纳斯达克100指数中的科技股板块。而"蜘蛛"代表的是标准普尔500指数中那500家上市公司组成的板块。

如何选择正确的交易所买卖基金呢?根据个人经验,我不推荐你阅读相关报纸、期刊或其他专业杂志,而是建议你使用电脑。一个省事儿的办法是:登录www.morningstar.com,这个网站能为你提供交易所买卖基金的

第四章 酒神型 **71**

基本信息，并教你怎样进行买卖，特别是该网站提供的筛选功能，能让你直观地看到不同交易所买卖基金之间的差别，以及它们近年来的业绩。

如果你一方面觉得单纯地买基金就像看着油漆慢慢变干一样，很不过瘾，另一方面又对自己选择、购买和卖出某支股票的能力不信任，那么交易所买卖基金就比较适合你。因为它既能满足你内心对速度感的追求，又能给你一定的安全感，知道自己至少没有把所有的钱压在唯一的一支股票上。

投资俱乐部

如果你天性善于交际，那么，参与证券市场的绝好办法就是组织投资俱乐部。在投资俱乐部里，一群朋友把自己的金钱、才智和经验汇集到一块儿进行投资。根据我的经验，十个人的投资俱乐部是最合适的。

投资俱乐部真是个伟大的想法，简直是完美。你看，朋友们可以把投资计划会议办成派对的形式，也可以把集资搞成一个社交活动。而且最大的好处是，你每个月只需要往这个集体投入不到 10 美元。所以，还犹豫什么，赶紧劝你的好朋友们一块组成一个投资俱乐部吧。你会很惊奇地发现，其实他们也在琢磨怎样改进自己的投资方式。

你可以在 www.bivio.com 上查看关于投资俱乐部的相关信息，弄清它们是怎样产生效益的，以及你怎样跟踪自己投资的钱在该俱乐部的运作。

其实，投资俱乐部也是一种很好的情感交流形式，是一种让人愉悦的赚钱方式。作为俱乐部的成员，你们不一定要得在商场或餐厅碰头，你们可以每月在不同成员的家里商议你们共同的投资计划。

我见过许多成功的投资俱乐部，它们取得了许多财经指南、自助书籍和长期心理治疗无法取得的成就，把许多原本为了追求刺激而容易冲动的投资者打造成了非常成熟理性的投资专家。大家在一块儿为了找到一个盈利的投资而努力，并在这个过程中与朋友和爱人共同分享成功的喜悦。与此同时，你与他们的关系也会得到进一步发展，而实现这一切一分钱都不用花。

未来

在你掌握了正确的投资策略后，我们就可以一起来看看让你实现成功理财的另一个必备要素了：学会控制你的消费。

如果我现在问你，你的财富现状如何？你也许会联想到每个月完成理财计划的情况，但是这种小范围的思考方式会让你失去对事物的宏观把握。要想取得理财上的成功，你必须放开眼界，看到你所作的每一个决定可能导致的结果。比如说，你决定买一辆车或租一辆车，如果你用的是"每月思维"，那你考虑的仅仅是你一个月最多能付多少按揭，然后带着这个想法走进汽车展厅。

你一走进那儿，汽车销售顾问就会走上前来和你聊天，聊着聊着，必然就会聊到每月按揭款这个问题。对经销商来说，这是一个非常重要的信息，一旦你表明了自己每月能为这辆车付出的最大按揭额，你就相当于把自己的底牌亮给了对方。

我曾见到两个人从同一个经销商那里，以同样的月按揭价格开着自己的爱车出来。但是他们买到的却是不同档次和价位的车。其中一个人买的车还算划得来，另一个人就完全被骗了。为什么会这样呢？因为第一个车主所考虑的是这辆车的所有花费，而第二个车主心里想的只是尽可能压低月按揭金额。

把关注的焦点放在车的最终价格上，也就是所有利息和费用加总的价格，你才能真正知道自己这笔交易是不是划算。所以，你一定要保证自己在走进汽车店以前，已经做好了充分的研究工作。比如说，掌握经销商到底是多少钱拿到这款车的，这款车在市场上的均价是多少。这样一来，你就知道经销商一般有多少利润，也就不会被他那"我这都已经亏本了"的老套路所骗。最后特别提醒一下，你应当充分利用互联网来进行调查，如果你连近在指端的信息都不好好利用，那我也无话可说了。你可以在www.edmunds.com等网站上查看相关信息。

当你确定了汽车的总价后，再着手研究月按揭额的事。千万别忘了，将月按揭额乘以你要还贷的月数，然后用得出的这个数额减去汽车的价格，最后得到的就是你要支付的利息和其他费用。有许多顾客会去信用卡公司咨询他们的信用额度，并把这一部分钱也算入他们的每月可支付金额里，这是非常危险的做法。

如果你每月都只支付信用卡账单里的最低还款额，那你需要很长时间才能把债务给还上。比如说，你要买一台价值为1000美元的环绕音响，你每月可支付的信用金额为20美元。若是你使用信用卡的最低还款额的话，你就要偿还12年，并且还要支付17%的手续费。

如果你把20美元乘以144个月（12年），那么你就会发现自己为这台音响支付的实际价格为3000美元。你要工作多少个小时才能挣来这些钱啊？你觉得这样划算吗？

第四章　酒神型　75

以下是一些偿还信用卡债务的建议：

- 把所有的信用卡整整齐齐地罗列在饭桌上，给它们开个会。

- 拿一张纸，在上面写下你每张信用卡上欠了多少钱，它们的利率分别是多少，并在后面写下那张信用卡的 800 电话。

- 登录 www.bankrate.com，查看里面关于信用卡的内容，看它提供了哪些低利率甚至零利率的信用卡公司。你最好仔细阅读每一项条文，在许多情况下，一旦你迟交或忘交了某一笔款项，利率就会猛增。

- 给你的信用卡中利率最高的那家公司打电话，告诉对方你知道现在有低利率甚至零利率的信用卡公司，如果贵公司不把对你的利率降下来，你就有可能销账户。如果电话那头的人说自己没有这个权限，你就找他们的主管接电话。你会很惊讶地发现，为了保住你这个客户，他们会非常乐意为你降低利率的。因为对他们而言，找到一个新客户的成本远远大于为你降低一点利率所带来的损失。

- 当你给每张信用卡的公司都打过电话后，把调整后的利率写在纸上。

- 最后，你可以考虑把高利率信用卡上的债务转到低利率的卡上，这样不但有利于你减少债务，而且还可以减少你每月还款的次数，简化理财的程序。

在做上述工作之前，你可以在网上订阅益百利公司、环联公司和艾可飞公司（Experian、Transunion、Equifax，世界著名的三家信贷调查机构）的免费信用报告。订阅信用报告的申请可以很容易地在 www.annualcreditreport.com 上完成。每过十二个月，你都有权从每个机构中申请一个免费信用报告。

密切关注你的信用报告至关重要，因为有时里面会有一些影响你好几年的错误。一旦它们被你发现，你就应当马上以书面形式向相关机构反映，给他们大概 45 天的时间回复你的更改请求。

如果你交一些费用的话，你还可以在收到信用报告的同时收到个人信用评分（FICO）。个人信用评分在 300 到 850 之间，体现的是你的信用度。个人信用越高，你的潜在借款人就越多，而且贷款的条件也更优越。并且，个人信用评分可不仅仅会影响你的贷款，你的雇主、保险公司、甚至房东有时候都会要求看你的个人信用评分，从而决定是否雇用你、给你提供保险服务或把房子租给你。你可以登录 www.myfico.com 了解更多关于个人信用评分的相关信息。

信封理财法

当你致力于摆脱债务的宏伟工程时,你应该学一学"信封理财法",并通过这种方法来控制你的消费。是,这种方法的确有过于极端之嫌,但对于在感官王国里纵欲多年的酒神们来说,要想把节制性消费这个虚无缥缈的概念落实为实实在在的行动,通过看得见摸得着的信封是再好不过的了。

具体操作很简单:

列出你每月的消费,如按揭贷款、房租、饮食、交通、保险(包括医疗保险、房主保险、承租人保险、汽车保险等)、水电费、电话费、娱乐消费和服装消费,等等。给每一份开支专门安排一个信封。

每次发了工资之后,你就把现金取出来,分门别类地放进各个开支项的信封里。比如说,假设你每月的房租是400美元,每月分两次付,那你就得在每次交房租之前将200美元放入那个专属于房租的信封里。当你把每个开支项的钱都放到相应的信封后,就当那些钱已经用完了,你再也不能去动用它们。

当然，你可以定期调整每个开支项的额度。而且你一定要有一个写着你名字的信封，这是为了应对意料之外的开支，这里面的钱是用来存储的。这种方法特别适合那些花钱无计划、搞不清自己的钱都用到哪去了的人。何况这样还可以节省很多在自动取款机上交易的手续费，能让你省去做分类账簿和电子数据表的麻烦。为了让你的"信封理财法"更实用，你可以要求你的债主们将开账单的周期与你的工资发放期同步起来，大多数人都会很乐意帮你这样做的。

最让人费解的是，在美国，越是那些有钱人就越容易出现财务问题。这其中的罪魁祸首就是不良消费习惯。其实，即使你的收入非常有限，你也可以获得财富上的安全感，存钱并没有你想象的那么难。

比如说，如果你每天在咖啡和面包圈上要花3美元，那么一个月就是90美元，而一年就是1000美元。如果你能省掉每天那3美元的消费（我并不是要你省掉早餐，你可以在家自己做），把你每月的信用卡消费压缩70美元以上，那一年下来，你可以省下成千上万美元，这可以减少甚至消除你的债务。

关注自己的消费行为并不是要你不再买自己喜欢的东

第四章 酒神型 79

西。但是通过仔细地观察，我敢保证，你会发现自己的许多消费都是无意识的，有些东西即便不买也不会影响你的生活质量。

你是鲁莽的酒神吗？

如果你不把自己的消费行为放在意识层面来讨论的话，它们会在你潜意识中自动导航系统的控制下肆无忌惮地横冲直闯。回答以下问题，你就可以知道自己是不是属于酒神系列，喜欢牺牲自己的财富安全来获得接受和认同。

1. 我生活在收入允许的范围以内。

　　　　同意　　　不同意

2. 每次发工资时，我都会把 10% 的工资存起来。

　　　　同意　　　不同意

3. 我很少给朋友买贵重的礼物。

　　　　同意　　　不同意

4. 如果我有什么口号的话，那就是"未雨绸缪"。

　　　　同意　　　不同意

5. 我每周最多只去杂货店采购一次。

　　　　同意　　　不同意

如果你在三个以上的选项里选择了不同意，那你肯定是把自我价值和金钱联系在一起了，你正在走向自我毁灭。所以，赶紧停下来吧。

在寻求社会认同的时候，你失去了最宝贵的一笔财富——自我。停下你的脚步仔细想一想，不要再没完没了地付出了。问问自己到底什么才能让你真正感到快乐？你的激情到底在哪里？你的朋友了解这些吗？你身边有那种鼓励你去追求自身梦想的朋友吗？又或者，你身边充斥着那些只顾追求自己的梦想，完全不顾及你感受的朋友？不要把事物的主次给弄颠倒了。在这个世界上创造一个属于你的地方，不要只为别人活，而要为自己的存在而活，这是你与生俱来的权利。你有权被爱、被欣赏，不要在这方面亏待自己，现在不要，以后也永远不要！

给酒神的赠言

告诉我，你要的到底是什么？此时此刻，忘掉别人的需要，不要总是迎合别人的需求。看着自己，然后认真地回答：我真的认识自己吗？我有必要以吸引别人和迎合别人为己任吗？如果我不这样做又会怎样？这些问题，你问过自己吗？所以，我给你的建议就是：在某些时候，把自己生命的速度降下来，把这个重要的问题好好想清楚，你最想要的到底是什么？

你真的想继续扮演那个你给自己安排的角色吗？你喜欢自我塑造的这个人物形象吗？的确，在生命中，我们都在扮演着某种角色，甚至同时在扮演着多种角色。但是，一个人是不能通过他所扮演的角色来定义的。你不是一名医生、不是一名律师、不是一名工程师或服务员、销售员、记者……即使你是在医药行业、法律界或其他某个领域工作。同样的道理，你也不是一个性情火暴的人、一个好人、一个令人憎恶的人、一个没有幽默感的人，或是一个容易被别人影响的人——不管别人曾经怎样定义过你。不管是在生命中的什么时候，你都可以像其他人一样变换自己的职业。同样，不管在什么时候，你都可以改变自己对待世界的态度。

你一定要知道，一个人的本性和一个人正在做什么，他是怎样一个人和他某一时刻的性情及转瞬即逝的感受，这是两个完全不同的概念。你的本质——那个埋藏在最深处的你，才是真正的你！也许你有时候（好吧，有时确实是经常性的）会心情不好，但这不能说明你就是个郁郁寡欢的人。如果真是这样，那就意味着你根本没有机会改变这一判断了。但是，你可以改变你的态度，就像你可以改变你的心情及你想做的事情一样。

不要轻易对自己扮演的角色形成认同，让它成为你永久的形象。要知道，你与那些你试图讨好的人一样重要。你很爱玩，也特别享受自己在别人面前那种有一点点叛逆和一点点搞笑的形象。那好，你不妨换一个角色来好好玩一玩，游戏的规则就是不再迎合他人。看看这样做会发生什么。也许刚开始你会感觉很别扭，就像刚穿上了一身新的戏装一样，这是很正常的，但你会慢慢适应。

当然，态度的转变会让你身边的环境也发生变化，这种改变也注定会遭到其他力量的抵抗。如果你变换了角色，那你身边的人可能也会感到不适应，因为这意味着他们也要对他们所扮演的角色作出相应的调整。比如说，当你不再抢着在餐馆里埋单，或者不再在任何事情上都积极主动时，他们就必须去做。

如果你买不起朋友梦想得到的礼物，那就给他一份你真心相信他会喜欢的礼物。你在选择礼物时，要非常细心，要充满对朋友的爱，但是也要告诉自己，这并不意味着这份礼物一定要很完美，只要好就足够了。而且有的时候，一个人认为特别好的东西，另一个人可能非常不喜欢，一份比较好的礼物倒可能在送礼者和收礼者眼里都很好。此外，你还应当很真诚地跟朋友说，你其实也很想为他买下他一直梦想得到的礼物，但是你现在送的礼物也是经过精心挑选的，而且是在你的经济承受范围以内。真诚是朋友间最被看重的品质之一，你会发现，如果你能真诚地向朋友表达你自己及你能做的，朋友也会像你一样真诚地回应你。

转变你的观念，然后充分地去感受这份转变吧。你会很高兴地发现，让别人来迎合你的感觉其实也是挺美的。让那些属于你自己的梦想成为现实也不是什么天方夜谭。你会喜欢上这些新发现的。现在就行动吧，做这种尝试永远都不会嫌晚。

第五章

"存钱罐"型

从前，有个"存钱罐"。

我感到自己快破产了。

——无名氏

乔治的每一分钱都是通过长时间的辛勤劳动得来的。在他十多岁的时候，他每周周末天刚亮就得爬起来，走一公里的路去一个富人区，去那为有钱人打杂工。

与其他男孩不一样，他打工挣来的钱可不是用来买漫画书或者约姑娘出去玩，而是用来给自己和姐妹们买校服。他父亲常常会语重心长地教导他说："儿子，树上可结不出钱啊，天上可掉不了馅饼啊。"虽然这话不算父亲的原创，但父亲却对其深信不疑。关于金钱的谚语、存钱的方法及朴素实用的理财建议，他父亲可以不停地唠叨上几个小时。如果要用一句话来总结老乔治的财富观，那就是：把钱都藏起来，最好是藏在连自己都拿不到的地方。这样才可以过得舒坦、活得安心。

现在，乔治已经有了属于自己的小家庭，可他依然坚定不移地贯彻着父亲的财富观，延续着家族中节俭的优良传统。但是，这年头要保持这个传统的确不是件容易事。你看，今天他就遇到麻烦了。瞧，他那一向温柔体贴的妻子正在厨房里逼问着他。

"乔治！"妻子西尔维娅一只手叉着腰，一只手拿着木勺指着他的口袋说道："乔治，我再客客气气地求你一次，把咱家的账本给我看看！"而乔治呢，闭上眼睛，非常严肃地摇了摇头。

"为什么不让啊？"妻子伤心地问道。

乔治心里想："难道她到现在还弄不懂吗？这还有必要解释吗？她难道不知道女儿花200美元买拉拉队服装是完全没有必要的吗？女儿也真是，怎么能提出这么无理的要求？太不可思议了！再说了，参加拉拉队多危险啊，一不小心从人墙上摔下来，把头摔破了怎么办？所以绝对不行！在这件事情上，一点商量的余地都没有，简直太荒唐了！"

"乔治，在咱家的理财上，我从来不说一句多余的话。我们每月只看一次电影，你还总是提前在家做好爆米花，然后藏在购物袋里带进电影院，这我都不说什么；为了加到最便宜的油，你开车跑到了三十公里以外的加油站，我也没有笑话过你；按照你的理念，为了咱家以后能过得好一些，现在少这缺那的也就将就将就算了，这我也没有反

第五章 "存钱罐" 型　87

对过你。"

"这话她说得挺有道理。"乔治暗自想。的确，不管你怎么跑怎么躲，最后总是要被那个"大家伙"抓到。而且那个"大家伙"可以以上百种形象出现，比如政府或是贪婪的企业。面对这些"大家伙"，乔治这样的小人物又怎么是对手呢？乔治家在吃饭时虽然也常常提到钱，或是提到物价上涨令持家多么艰难，但他们从来不会谈到家里现在到底有多少钱，或是到底需要多少钱。

"乔治，不要以为我不提咱家的钱就代表我不关心这件事，你应该没忘记理财顾问的事吧？"

"我当然记得啦，而且我确实去找了他啊！难道不是吗？"乔治说到这时，西尔维娅气得把木勺子指到了他脸上，乔治下意识地躲了一下。这件事情是这样的：几年前，在妻子的强烈要求下，乔治总算同意去咨询理财顾问。西尔维娅想着，这样她就能弄清楚家里到底有多少钱了。

可是在咨询的过程中，不管理财顾问问他什么，他总是能用非常含糊的话敷衍过去。乔治能给出的最精确的回答也不过是"差不多吧"、"没那么多"或"要是真有那么多就好了"。所以，西尔维娅对家里经济状况的了解一点也没比以前多，那个理财顾问也因为缺少足够的信息而没能为这对夫妇提出任何具体可行的理财建议。虽然乔治跟妻子说，他会认真考虑理财顾问的话，但是从那以后，乔治再也没有叫理财顾问来过。当妻子问他为什么时，乔治只是简单地对妻子解释道："那个理财顾问还没咱家有钱呢，还轮得到他来给我们出主意吗？"这样一来，关于理财咨询的事情就不了了之了。

在家里，只有乔治才知道钱在哪里——他把钱都精心地藏了起来，以备不时之需。他觉得，只有自己才能保证家庭在财产上是安全的。除了各种各样的存款账户外，乔治还把一部分钱放在了银行的保险箱里，这样一来这部分钱就不用缴税了。还有一部分钱，他秘密地藏在了厨房餐具室第三排的瓷砖下面。每当想到这个，乔治就会忍不住一个人笑起来，他觉得自己真是太有才了。

"存钱罐"的存活之道

毫无疑问，在"存钱罐"的世界里，没有奢侈消费这一概念，有的只是苦行僧般的生活方式。当然，这让他们在经济上始终处于盈余状态。他们一生都在致力于对存钱这门艺术的研究，但愿他们在有生之年能探索出更聪明的理财方式。

"存钱罐"的这种性格特点非常有趣，因为他们会出现各种不同甚至自相矛盾的具体表现形式：有的"存钱罐"会制造出一种自己特别忙，以至于根本没时间处理财富问题的假象；有的"存钱罐"在内心深处觉得金钱是邪恶的；而有的"存钱罐"则生怕自己会没钱用，进而担心自己有一天会失去对生活的控制。

乔治在努力摆脱自己的不安全感，但是他却没有找到摆脱它的正确方法。为了获得这份安全感，乔治对自己发誓，他一定要存上足够的钱。只有这样才能安安全全地生活下去，任何人或任何灾难都不会伤害到他。于是，金钱成了他躲避外界危险的一座城墙。对他而言，只要是存进

"存钱罐"的失败之处

他们的失败可以归结为一个词：恐惧。

"存钱罐"不管是对现在还是对未来都心存恐惧。他们总是在想着应急措施，但他们的理财方法大多存在严重问题。因此，他们的钱最后往往会远低于他们的预期值，看着辛辛苦苦存下来的钱越来越少，他们会感到无尽的失败感。

银行的钱就是神圣不可侵犯的，不能再去碰，甚至想都不要再去想。在乔治眼里，存钱是一条单行道，钱一旦转到了银行账户里就算是消失了。但不幸的是，这种办法给他带来的只是一种虚假的安全感。因为当他仔细分析自己的经济状况时，往往会发现自己坛子里的金子比当初藏的时候要少了。

就像很多到我这来咨询的客户一样，乔治寻求的是一种最为安全的理财方式。其实他们应该认识到，藏钱的那个坑是永远填不满的，或者说，只要他们认为那个坑是满的，那个坑就是满的了——如果他们能给自己足够的"安全感"的话。

"存钱罐"的人格分析

"存钱罐"型的这类人的人格特点往往是由一些过去的人生经历促成的。他们共同的人生信条是：就算别人都不来帮助我，我也要保证自己有足够的钱来自助，而不是等着别人让我失望。

的确，你的理财观跟你对人生经历的解读有着紧密的联系，哪怕曾经的人生经历对现在的你来说似乎是一点意义都没有了。

> 一个人拥有的越多，想要的就越多，
> 所拥有的不是在填满什么，而是在制造一个欲望的大海。
>
> ——本杰明·富兰克林

比如说，如果你成长在一个认为钱是万恶之源的家庭，那毫无疑问，你无论是在花钱还是赚钱时，都无法逃开一种深深的内疚感。如果你的父母或是家里其他受尊重的人总是说"我们跟他们根本就不是一路人"、"他们全身散发着铜臭味"、"钱是买不来幸福的"之类的话，那么即使你赚了很多钱，也不会有多么大的成就感。

当你没钱时，你会觉得自己这辈子都赚不到钱了；而当你有钱时，为了不让别人忌妒或批评你，你会装出自己没钱的样子。其实，这都是你恐惧的表现形式。也就是说，不管怎么样，你都会感觉自己越来越穷，越来越不如别人，越来越脆弱，运气也越来越差。

你是不是一个"存钱罐"呢？看一看下述关于这类人的性格描述，然后再对自己作出判断。

如果你是"存钱罐"的话，你会觉得：

- 只要稍不小心，你的钱就会不知不觉地消失得无影无踪。
- 现在花钱既不理智也不安全，因为说不定你以后就没钱花了。
- 外界的各种力量决定着你的财富现状。
- 储蓄存款账户是你最钟爱的存款方式。
- 在储蓄过程中，你关心的是自己的本金能带来的基本利息，而不是总体收益。
- 在理财的问题上，你宁可保守也不要以后后悔。
- 看到别人的经济状况比你还差时，你会自我感觉良好。
- 与其感到失望，还不如不去了解。
- 与其取得成功，不如避开失败。
- 既然人都是不可靠的，不如不再依靠他人。
- 过简朴的生活是件光荣的事情。
- 很少会有人给你东西，倒不是因为你的高傲，而是因为你对别人的不信任和你在情感上的脆弱。

"存钱罐"如何趋利避害

接下来要说的话可能会有些令人不快，但我还是要说，虽然"存钱罐"们最大的恐惧是自己的钱不够花，但如果要享受到金钱带来的满足感和幸福感，你们要做的第一件事就是：停止逃避生活。

也许你精通清算账目，但是现在请你先把自己的算盘抛到一边，好好地回答我：你最近有没有对自己的生活做一个全面的审视？我的意思是，你有没有全面地评估过你的生活质量？你花了多少时间来陪你的家人及其他你深爱的人？这些时间与你用来担心钱的时间相比，哪样更多？

人们常说，时间就是金钱。这句话的确有道理，但也不完全正确。时间和钱之间有着非常微妙的联系。你既可以同时节省这两样东西，也可以同时使用这两样东西，但有时两者不可兼得。钱没有了，你还可以赚，但是时间用完了，你就无能为力了。所以，你看，如何度过时间是不是比如何花钱更加重要？

钱真正的价值在于：你可以用它买来多少高质量的时间。如果你执意要感受金钱给你带来的安全感，那就问一下自己：你每个月要赚多少钱才能给你换来真正的幸福时间，才能让你与身边人的距离更近？

不要把精力浪费在担心未来会有什么麻烦上，而是把注意力放在你所希望的未来上，然后努力去实现它。面对未来之时，就算你已经有了一个对你和家人都真正有意义的目标，你还是要准备好同自己内心那个无意识的声音展开一场旷日持久的战争。

比如说，你正在计划一次全家去加勒比海的旅游。这时，内心那个声音突然出现了，悄悄地在你耳边说："这旅行也太奢侈了，没必要，完全是一种浪费嘛！"不管你信不信，这种声音的力量有时比你所追求的梦想的力量还要大。你必须对这种声音保持高度警惕，一方面承认它的存在，另一方面却不去认同它，不让它阻止你走上一条健康的全新道路。

现在就行动起来

努力找到自己成为"存钱罐"的根源。也许在你父母那个时代，为旅行而存钱是一件不切实际的事情，但是现在对你来说却不是那样。一旦你认识到不幸的过去在阻碍你走向美好的未来，你就应当重写自己的人生信条。你不妨现在就坐下来，准备好纸和笔，在家人的帮助下按着以下的步骤来做：

- 写下每个家人希望实现的梦想，以及作为一个整体的家庭要实现的梦想。
- 给每个梦想的实现设定一个时间限制。

第五章 "存钱罐"型　95

- 之后，问自己实现这些梦想需要多少资金。
- 现在看看你所有的存款，包括你藏在瓷砖下的小金库。（我知道这一步可能有些难，因为这是你以前从来没有做过的事情。）然后，把这些钱合理地分配到你要实现的梦想上。也许你会惊喜地发现，其实你已经可以实现其中的好几个梦想了。请勇敢地实现它，并充分享受这个过程。

如果你现在的资金还不足以支持你去实现那些梦想，那就赶紧制订一个切实可行的存储计划。记住，单纯地存钱没有多大意义，你必须给每个账户赋予特定的意义。这样，每当你离目标更近一步时，你就会感到一种强烈的对命运的控制感，也才能更充分地享受那种目标达成时的喜悦。

我没想把你变成一个在理财上铤而走险的人，但我确实想让你知道世界上其实还有很多种存储方式。和普通储蓄存款账户或把钱藏在家里瓷砖下（实在不好意思，我又提起了这个）相比，它们不但能给你更高的回报，而且也符合你们在理财上保守的特点。

历史上的"存钱罐"们

历史上有很多像乔治一样的存钱怪人，他们节约根本不是因为他们缺钱。

让我们先来认识一下海蒂·格林（1834～1916），她是当时世界上最富有的人。但为了省掉房租，她坚持在纽约海岸国家银行的地板上办公，地板上摆满了她装满文件的箱子。

想知道海蒂省钱省到了什么程度吗？她儿子内德小时候不小心把腿给摔骨折了，为了省钱，她竟然让孩子在家里接受治疗。后来，内德因为治疗不当而不得不截肢，之后一直戴着一个用软木做成的假肢。虽然海蒂的净资产估计有一到两亿美元，但她每天都穿着同一套黑裙子和内衣，直到它们破得不能再穿了。

另一个著名的"存钱罐"是保罗·格蒂，他是1957年的世界首富。为了节省钱，他在自己英国别墅里的72个房间中都安装了公用电话。

还有著名的迪士尼卡通人物中的守财奴史高治。尽管已经家财万贯，但它还是像珍视生命一样珍视着自己的每一分钱。

第五章 "存钱罐"型 97

藏钱的悲剧

假设你准备把 1000 美元放在一个没人知道的地方，而且至少在五年内你不打算动用它。若每年的通货膨胀率为 2%，那么，在 12 个月后，你的 1000 美元就只值 980 美元，因为在这段时间内物价上涨了 2%。难道下一年你还要让这出悲剧继续上演吗？你把钱藏起来，就相当于看着它们贬值，看着它们每年一步一步地离你远去。

按照这个速度，到第五年的时候，你的 1000 美元就只剩下 903.92 美元的购买力了，这可是 10% 的损失啊！你的钱虽然躲开了"阿里巴巴和四十大盗"的掠夺，但却逃不了通货膨胀这群可恶的白蚁的吞噬。了解这个道理后，你应当认识到：要想保证自己的钱逃离贬值的厄运，你必须用钱来盈利，至少让这笔利润能够抵消通货膨胀带来的损失。

未来

如果我跟你说，有一种账户不但能保证你的钱绝对安全，还能让你的钱随着通货膨胀率浮动，你会不会特别感兴趣？世界上还真有这种好事！这种账户就是通货膨胀保值国债（简写为 TIPS）。

通货膨胀保值国债由美国财政部（美国政府专门负责管理和分配国家资金，保证各个部门正常运行的政府部门）发放。这些国债一部分来自国家税收，还有一部分来自我们民众给政府的贷款，即政府债券。通货膨胀保值国债被公认为是最安全的一种投资方式，因为它是由美国政府发行和支撑的。这种特殊的政府债券能让你账户上的余额根据通货膨胀率上下浮动，最终能保证你的钱在取出时的购买力与存入时一模一样。

我非常认同通货膨胀保值国债背后的这种哲学，希望它可以扩大范围，而不是仅仅局限在财富的保值上。在二十五周年结婚纪念日上穿的婚纱，如果能和二十五年前结婚时一样合身，那该多好啊！通货膨胀保值国债除了给你提供财富安全外，每年还会给你两次利息，而且这部分利息你是不用向地方或州政府缴税的。

也许你会问："哪有这么好的事？这会不会是一个陷阱？"有这样的疑问太正常了，非常符合"存钱罐"人的性格。如果一定要挑出点毛病来的话，那就是储存时间。在购买通货膨胀保值国债时，你必须签署一个协议，保证自己在五年、十年，甚至二十年的时间里不动用这笔钱。如果你想了解更多关于通货膨胀保值国债的信息，可以登

第五章 "存钱罐"型 99

录美国政府的官方网站：www.publicdebt.treas.gov。

养老保险投资

如果你一方面想让自己的投资更安全，另一方面又想得到比普通储蓄存款或通货膨胀保值国债更高的回报，那你可能会对养老保险投资感兴趣。养老保险投资的账户不是开在银行或政府，而是在保险公司。你不需验血，也不需要做任何体检，养老保险投资只是一种通过存钱来换取利息的方式。养老保险投资主要有两类，即固定养老保险投资和浮动养老保险投资。

本书主要介绍固定养老保险投资。因为浮动养老保险投资一般是把你的钱投入基金市场，存在很大的风险，这种投资方式和"存钱罐"人的特点完全不符，在此我也就不浪费时间啰唆了。

养老保险投资主要是针对退休后养老的长期投资方式。你只有在 59 岁半以后（早一天也不行）才能从账户上取这笔钱。如果你愿意把钱存那么长时间，或者你现在已经超过 59 岁半了，那么养老保险投资对你来说就是一种很理想的投资方式。比起普通储蓄存款账户，它能给你更高的利息（在固定养老保险投资中，有一种指数养老保险投资，它根据股市指数的涨幅来给你分红），而且它能保证你的回报率保持在某一个值以上，一般是每年 3%。

养老保险投资的另一个优势是：在取出来以前，你不需要为获利部分缴税。这意味着与银行存款相比，钱的增长速度会更快。因为银行会在每年年底要你申报自己的利息，并缴纳相应税款，就算你不取钱也省不了这个繁琐的程序。所以，亲爱的"存钱罐"们，你们看到没有，有很多方式不但可以让你们的钱安安全全的，还能让你们的钱为你工作。

其实你们要做的事情很简单，就是建立一个个对你而言有着特殊目的的户头，然后参考我给你们的两种理财方式。这样你就可以走出自己的那片小天地，拓展自己的理财能力。你会发现，一旦你为自己储存财富的欲望赋予了具体目的，你就会感觉你的钱甚至你生活中的一切都尽在你的掌控之中。

安全感是种迷信，其实并不存在，
人类作为整体也感觉不到它的存在。
从长期来看，逃避危险并不比直面危险要安全。
生命要么是一场冒险的旅程，要么什么都不是！

——海伦·凯勒

你是"存钱罐"吗?

为了避免你不承认自己是"存钱罐",我设置了五道题目。你可以通过做这五道题来看看自己在理财上是不是被恐惧感所累的"存钱罐"。

请在你同意的选项上画圈。

1. 在我成长的过程中,我想要什么就能得到什么。

    同意　　不同意

2. 我父母虽然没有多少钱,但是他们过得很开心,在心理上感到很富足。

    同意　　不同意

3. 小时候我的零花钱特别多,基本上想要的东西都可以买得起。

    同意　　不同意

4. 我的父母会花很多钱在家庭娱乐上。

    同意　　不同意

5. 我从来没听父母说过"我们买不起它"。

    同意　　不同意

如果你在三道以上的题目中选择了"不同意"，那你就应当与自己内心的那个声音好好谈一谈了。你要告诉它，你完全有能力照顾好自己和家人，没有必要因为恐惧而像"存钱罐"一样把钱藏起来。

把你苦心藏下来的钱都拿出来吧。如果你要让自己的内心感到真正的富足，藏钱是没用的。内心的富足感来自于：

- 认识到自己所拥有的已经足够了。
- 认识到即使灾难降临，你也可以依靠自己的能力渡过难关。

给"存钱罐"的赠言

其实，恐惧感并不一定是件坏事。在物种进化的过程中，恐惧是我们与生俱来的一种非常有用的自我保护机制。有时，恐惧是必要的，甚至是必不可少的。

恐惧本身并不是问题的关键，关键在于你如何对待自己的恐惧。当恐惧让你裹足不前时，那它就毫无积极意义可言。因为恐惧成了你的主人，你成了它的奴隶，你接受和体验挑战的机会被它无情地剥夺了。

其实，恐惧的存在是为了让我们更好地成长。要知道，有那么多美好的梦想等着我们去实现，而那些通向梦想的门就隐藏在这些恐惧后面。当恐惧来临时，不要犹豫不前，更不要逃跑，而应当鼓起勇气迎难而上！一旦你下定了决心去与恐惧斗争，情况就会与以前大不相同。的确，你心中还是会有恐惧，但是你已经不再是以前那个你了。只要你想好面对恐惧时应当采取哪些行动，并且做好充足的准备，你就会发现其实事情并没有想象中那么难。

要想充分地生活而不仅仅是存活，是需要冒很大风险的。我并不是要逼一个有恐高症的人去跳伞，但起码你得做一些你可以承担起风险的事情。比如说，在大夏天让孩子尽情地淋上一场雨；或是顶着闹肚子和发胖的危险，毫无内疚感地吃上一大杯巧克力圣代。你可以先问自己："最坏的结果可能是什么？"每当你被恐惧感逼迫时，你就问

什么是幸福？
幸福就是满足于自己所拥有的，
而不是因为想拥有更多而痛苦不堪。

——无名氏

自己事情能糟糕到什么地步？这时你会发现，即便是最坏的结果也没什么大不了。

一定要敢于挑战你的恐惧感，要勇敢地面对它们。只有你自己才最清楚你现在是不是已经准备好了。一旦征服了内心的恐惧，你不但会在内心深处得到巨大的满足，而且会发现自己已朝着梦想扬帆起航了。

理财之关系篇

第六章

财富和孩子

丹妮尔只比艾米早那么一点儿出生。丹妮尔来到这个世界时，那咆哮般的哭声使她一下子就成了妇产科病房的传奇性人物；而艾米却像个一流的芭蕾舞者那样优雅地来到了世上。

她们降临到这个世界的不同姿态预示着很多东西。

把两个小家伙带回家的头几个月里，她们的母亲曾怀疑医院是不是把婴儿给弄错了，不然自己的两个孩子怎么会有截然相反的性格、习惯、作息时间甚至面部表情呢！她觉得丹妮尔应该也像艾米一样：恬静可爱，满足地看着挂在摇篮上的小礼物；睡觉时有着禅宗大师般的宁静；吃饭时则乖乖地吃下所有喂给她的食物。

或者，艾米应该像丹妮尔一样：极度亢奋，很难伺候，一刻都离不开别人的关怀照顾，一秒都不能缺少与其他人的目光交流。逗丹妮尔开心真是个劳动密集型工作，稍没做好，不管是在白天还是深夜，丹妮尔都会凭借她那成人般的肺活量哭个山崩地裂。

她们的母亲其实根本不用担心是不是抱错了孩子，因为俩姐妹的外貌还是非常相似的。只是，除了相貌好像就没什么共同点了，而且随着时间的推移，这些不同之处还在不断深化发展，一点儿也不逊色于刚出生那天。

大多数父母都会记得孩子第一天上学的情景，她们家也不例外。姐妹俩手里拿着午饭盒，穿着漂亮的新校服和刷得锃亮的黑漆皮鞋来到学校。丹妮尔头上戴着黄色的丝带，艾米戴着紫色的丝带，她们的母亲想，这样一来老师就可以认出谁是姐姐谁是妹妹了。但事实证明，这完全是多此一举，因为不到两分钟，老师就能分清她们姐妹俩了。

丹妮尔在学校真是如鱼得水。一到教室，她那双棕色的大眼睛就快速地扫视着那里的一切，然后挣脱妈妈的手，冲过去和两个站在桌边玩培乐多橡皮泥的女孩聊了起来。

而艾米呢，害羞地看着教室里的一切，抱着母亲的腿不肯放，对那个充满陌生人的、闹哄哄的地方一点儿也不感兴趣。最后，幸好有一个和蔼的老师安慰她，告诉艾米一切都会好起来，她的母亲才勉强将她从腿上拉了下来。在这之后连续两个礼拜的早晨，艾米都是哭着被母亲送来的。

过了适应期后，艾米慢慢地喜欢上了学校的生活。除了体育课，教师还会安排一些清静的活动，比如艺术欣赏、听故事和午睡。艾米最喜欢的是互动教学环节，虽然她从来不与其他孩子分享自己的经历，但她特别爱听别人的故事。她总是满足且安静地坐在那儿，直到转入下一个环节。

姐姐丹妮尔每天都在盼着上学。从早上起床到晚上睡觉，她一直在没完没了地讲述自己在学校的经历。丹妮尔是个充满活力的孩子，她总是很乐意与其他人分享自己的玩具，这让她在小朋友中很受欢迎。她最喜欢的也是互动教学环节，但她之所以喜欢这个，是因为她特别享受其他人专心致志地听她绘声绘色地讲半真半假故事时的那种感觉。她在发言时竟然说出了自己家保险箱的密码，但她不理解为什么老师会认为这样很不合适。

即便是到了高中，这俩姐妹还是这样。丹妮尔是冠军辩论手，大学四年里都是舞会上的风云人物，还是学校返校节代表团里的骨干；艾米则参加了国际象棋俱乐部、数学队，并且是班委会的财务秘书。

对她们的人格分析

在你看来，丹妮尔善于社交的先天性因素会如何影响她成年后的理财行为？对于这样一个开朗活泼、无忧无虑的孩子，我们怎样才能既不毁掉她对人生的激情，又让她在经济上更加富足？她是不是很可能成为女王型购物狂或酒神？

还有艾米呢？你认为她会像她姐姐一样理财吗？我看不大可能。艾米对待生命的谨慎很可能会导致她在理财上的谨慎。你是不是觉得她会把钱牢牢地抓在手里？她会成为一个善于存钱的人还是一个善于挥霍的人？是成为一个"存钱罐"还是一个完美主义者？

那么，我们如何在认清孩子们性格差异的基础上，把正确的理财观念传授给孩子们呢？或者，让我们面对这个最棘手的问题：在自己认为最正确的理财方式与他们最喜欢的理财方式之间，我们如何寻求一个平衡？首先你要知道的是，孩子们已经通过各种方式告诉你他们的个人喜好，而这些喜好会直接影响他们对待金钱的态度，以及他们解读理财观念的方式。

不管你愿不愿意承认，我们生来便具有某种人格类型，这由我们的基因决定。当然，环境也会影响着这些先天因素的作用方式。但正是通过这些先天因素，让我们以某种特定的模式看待、理解和改变外在世界，并用我们喜欢的方式去发现和解决问题。

所以，如果你认为孩子们出生后是白板一块，父母可

第六章 财富和孩子 113

> 这些孩子是谁?
>
> 他们为什么叫我妈妈?
>
> ——无名氏

以按照自己的喜好任意填充孩子的性格特点的话，那你就大错特错了！我就看到过这么一个家庭，父母都戴着厚厚的近视眼镜，热衷于拼字游戏和集邮。他们的孩子虽然长得还挺像他们，却酷爱曲棍球和漫画书。

作为父母，你可能以为孩子们会和你一模一样，正所谓有其父必有其子。他们的性格和你的性格大同小异，所以理所当然地应当走你的那条路。可事实上，孩子就是孩子，你怎么埋怨也改变不了这一点。就好比如果你把狮子的大尖牙拔了，它还是头狮子，只是没牙齿而已，绝不可能成为家猫。如果你试着按照自己的意愿去强制性地改变孩子，他多半会烙下心灵上的伤疤，而不是健康地成长。

作为父母，要想让孩子们养成好的理财习惯，首先应把孩子当做一个我们并未完全了解的人来对待。甚至在很多时候，我们应该懂得欣赏孩子，向他们学习。只有这样，我们才不会打击孩子们的积极性。父母对孩子财富观的形成起着至关重要的作用，但是很少有父母能做到认真地与孩子谈钱这一点。

你也许会说："我可不是这样！我一直在不厌其烦地告诉孩子们钱是多么来之不易。现在的物价越来越高，我们必须学会节约！"很好！但是我问你，你有没有告诉孩子，家里的每一分钱是如何挣的、如何存的、如何投资的呢？研究证明：据那些能把自己很大一部分年收入拿来投资的人的回忆，他们小时候经常同父母在家里谈论理财的事情。其实，作为家庭成员，父母对孩子理财观的影响比孩子未来的配偶对他们的影响还要大。

那么，我们应该从什么时候开始和孩子们谈论钱，并教他们怎么存钱、怎么投资呢？你不妨做一个实验：一只手拿张五美元的纸币，另一只手拿张二十美元的纸币，然后问孩子要哪个。如果他选择了二十美元的纸币，你就可以开始教他了。如果你觉得他是乱选的，那么可以多试几次。一般情况下，小孩在六岁左右就可以分辨纸币面值的大小。你也许会觉得他们年纪太小，根本不理解什么是理财。但是，就像教孩子们不能抽烟、不能吸毒、不能和陌生人说话一样，我们也可以把财商教育简单化，用他们能够接受的方式来讲解。有些东西你教得越早，就越可能成为他们生命的一部分。

第六章 财富和孩子 **115**

孩子已经准备好了，那么下一步呢

也许你是为了填补孩子对钱的认识，也许你是要对付一个已经开始让家里产生财政赤字的孩子。比如说，他们已经开始通过频繁地使用"我想要"来得到游戏机、布拉茨娃娃，以及其他的"生活必需品"。不管怎样，你首先应该有一个明确的教育目标。以下指导应该会对你有所帮助。

告诉孩子，在钱的问题上他们可以：

1. 得到它

毫无疑问，在进入人生中的某一阶段之后，我们就要开始挣钱了，从而实现经济上的独立。你可以与孩子们谈谈家里的钱是怎么挣来的。当然，你得做好准备，孩子肯定会问你："咱家能挣多少钱。"我一般会告诉我的孩子们，我们挣的钱已经足够满足自己的需要，并且还能帮助一些比我们更不幸的人。这个回答可以应付年龄很小的孩子。但是对于稍微大一点的孩子，他们已经了解了一些复杂点的经济知识，比如所在城市的消费水平。因此，你得给他们一个更为全面和客观的答案。

你的孩子在家怎么"挣"钱，这完全由你来决定。有些父母在孩子取得了好成绩或有好的表现时奖励他们；有的父母以钱作为孩子们的劳动回报，比如倒垃圾、洗碗或教爸爸怎么设置摄像机。而在我的孩子们小的时候，我和我丈夫教孩子区分"挣钱"和"制造挣钱机会"这两个概念。

我们强调后者是能够更有趣、更高效地获得金钱回报的方式。所以，我们从来不会像发工资一样定期给孩子零花钱。我们的理论是：家务事是家庭成员应当一块儿承担的，我们一块儿吃住，相互帮助，可能有时候干得多一点，有时候少一点，但是我们做这些是因为我们深爱着对方，并尊重对方努力的成果。至于钱，全部都放在属于全家的一个大口袋里，我们每个人需要什么，就从那个口袋里拿出相应的钱去满足我们各自的需求。

如果孩子要买某样东西而我觉得没有必要，我就会直视着他们的眼睛问道："你可以想出五种方法来得到买那样东西需要的钱吗？"好几次，他们都沮丧地走开了，他们承认那样东西的确没必要买。但也有很多时候，他们确实给出了挣得这些钱的好主意，最终毫无阻碍地得到了想要的电子游戏或巧克力。这样一来，我便在他们幼小的头脑里注入了经济独立的理念，这个理念对孩子们是很有吸引力的。虽然他们在父母眼中还是不谙世事的小孩，但只要他们下定决心，付出努力，父母就不会给他们太多的束

第六章　财富和孩子　117

缚。你的孩子是怎么得到钱的呢？

女王购物狂型孩子觉得父母给他们零花钱是理所当然的，他们根本不管自己对家庭作出了多少贡献，也不顾父母的经济状况。就算父母不给他们钱，这类孩子也能够通过自己的聪明才智想办法赚到钱，他们往往会成为街区孩子里最早的"企业家"。

好好先生型孩子一直有着存钱的习惯，根本不用下什么决心，生日时得到的钱和爷爷奶奶背着父母给他们的零花钱能为这类孩子攒下一笔不小的财富。如果哪天他跑来问你，怎样给第三世界的穷苦小朋友寄东西，你千万不要惊讶。

完美主义者型孩子都急于知道所有你为他建立的信托基金，以及他到底什么时候才可以用这些钱。为了得到钱，他会不惜一切代价，甚至会先斩后奏："看啊，老妈，我把你的唱片按照字母顺序整理起来了，给我几块钱作为辛苦费吧！"

酒神型孩子要么是把今天的钱花完了，要么是弄丢了，反正他只要没钱了就还会找你要。你不妨看看，他衣服上有没有吃过冰激凌留下的痕迹，或找找他在屋里是不是又藏了什么刚买的新鲜玩意。

"存钱罐"型孩子的积蓄除了来自于凳子桌子底下捡到的零钱外，还有其他更有创意的方式。他们总是害怕自己没钱，甚至担心父母会破产，这种莫名其妙的恐慌让这类孩子竭尽所能地搜集财富。

2. 使用它

一旦孩子们有了钱，而且你也从不过多地干涉他们怎么花这些钱，那么他们对花钱的最初尝试就可以让你看出他们的一些人格特点，甚至还会发生一些特别有趣的事。

只要其他家人不反对，可以让孩子来选择一个慈善事业，并让他们把钱投进去。趁着和孩子一块儿购物的机会，向他们解释你的购物策略。比如说，你是怎么权衡性价比的？为什么要选择在那家店买东西？教他们如何根据家里的预算来买东西，并让他们来选择那些适合家里经济条件的东西。

女王购物狂型的孩子有多少钱就花多少钱，甚至有时候钱还没到手就超前消费了。如果亲戚家有孩子属于"存钱罐"型，那你就得注意了，你的孩子很可能会欠他们很多钱。

好好先生型孩子一般比较节俭。他们最喜欢的时候莫过于节日和其他人的生日，因为这种时候他们可以把钱用来给自己爱的人买礼物。因此，你应该鼓励这类孩子多存钱，但不要把所有钱都花在包装纸和彩条上。

完美主义者型孩子从小就像个小行家，他们最喜欢的玩具是计算器，而且他们轻而易举就能学会操控和掌管家庭财务管理软件。没关系，给他们尝试的机会吧！就算花钱，他们也会把钱花在能带来收益的地方，就像《特伦鲍姆一家》里那个小本·斯蒂勒一样。

酒神型孩子很庆幸自己有满足自己欲望的能力。他们往往会开心地坐在购物车前头，一会儿伸手要这个，一会儿指着要那个，毫无顾忌地表达自己的欲望。对于这类孩子，你应当让他们思考到底什么东西才是他们真正需要的。

"存钱罐"型孩子从小善于存钱，他的小猪存钱罐是他最好的朋友。并且，他还会把存下来的钱放在别人甚至是自己都拿不到的地方。他们经常会把 5 美元的钞票藏起来，然后在五年甚至十五年以后发现自己在书里或床垫下放的钞票。

3. 管理它

管理金钱其实就是决定花钱和存钱的金额、时机及方式。你的个人理财方式不仅决定着你通过什么方式支付早上的报纸，还决定着你怎样为退休后的生活未雨绸缪。每个人都有各自不同的理财风格，有的人能够精确无比地掌控自己的财富，有的人在理财上一片混乱，而有的人则对自己手上的钱毫无控制可言。

你可以让孩子看着，你是如何平衡家里的账本，或是如何做每月的家庭收支预算。通过这种方式让孩子知道，他们怎样才能既购买自己想要的东西又保证有一部分钱能存起来，以满足将来的需要。其实，这也是教会他们如何计算一个数字的10%的绝好机会。

即使是很小的孩子，也可以通过舍去数字的最后一位来得到原来数字的10%。我会让我的孩子先写下任意一个两位数（结果往往是他们喜欢的一个电视节目的频道数），接着，我告诉他们，我将把最后一个数字去掉（对于年幼的孩子来说，让他们理解是去掉左边的数字还是去掉右边的数字，这较为困难），然后我用力地擦掉最后一个数字，就得到以前数值的10%了。例如，如果我们写下的是20，那么去掉最后的那个零以后，我们得到的数字2就是原数字20的10%了。

从那以后，我每次带孩子们去餐馆吃饭，都会要他们用去掉末尾数字的方法来计算应该给服务员的小费。我们埋单时会留15%或20%的小费，能算出10%是多少，剩下的也就不难了。除此以外，你还可以教孩子用这种方法把零花钱的10%存进自己的存折或存钱罐。这是一个非常好的理财习惯，能让他们最轻松地学会怎样控制自己的消费。而且在花那90%的钱时，他们也不会再像以前那样充满愧疚感。把10%的零花钱作为积蓄存起来之后，你还可以让他们将剩余零花钱的10%捐给慈善事业，反正方法都是一样的。

制订针对性的计划

一旦你熟悉了孩子和你自己的人格特点后，与孩子们坐下来开始谈理财就不难了。你可以直接和他们分析他们的人格特点，哪些特点对他们的人生是有益的，哪些是有害的。通过努力弥补自己性格上的不足，充分利用性格上的优势，孩子们最终可以找到一个平衡点，从而更开心地生活，也更包容自己和身边的人。

女王购物狂型孩子

女王购物狂型孩子天性偏爱贵重的东西，因此家长一定要培养他们做预算的习惯，以防止冲动性消费吞噬他们的积蓄。这类孩子的朋友如果穿了什么名牌衣服，这肯定会对他们产生影响。家长得做好这方面的准备，和他们好好谈谈这个问题。

这类孩子比其他类型的孩子更容易受广告的影响，所以要尽量避免他们与广告接触。孩子在家看电视时，家长可以利用有线电视运营商提供的视频快进功能把广告部分快进掉（如果有这项功能的话），看电影时买那种不含广告的 DVD 碟。另外，在被环境影响之前，应鼓励这类孩子根据自己的真正需求作出决定。

好好先生型孩子

如果这类孩子想要宠物，你不用去商场的宠物店给他买一个，只要到附近的宠物庇护所领养一个就好了。这么做的目的是让他知道，有时候你既可以得到想要的东西，

第六章 财富和孩子　123

同时还可以做善事。世界上有的事情是可以两全其美的。

鼓励这类孩子去了解那些有良知的企业，可以让他们在网上搜索那些有社会责任感的企业。如果他们要投资买股票，让他们先调查一下哪些是"好心人"的公司，然后再从那里面选一支能给自己带来利润的股票。

完美主义者型孩子

这类孩子天生就很会为未来进行预算和规划。你可以在网上或办公用品店里为他买一些简易的计算器。这些小工具可以帮助他计算自己积蓄的回报率，让他知道每月要存多少钱才可以达到自己的理财目标。总之，在这些小工具的帮助下，他可以从多个不同的角度分析自己的财务状况。

很重要的一点是，你必须要让他明白，作决定时分析的范围一定要有限度。你一定有过这样的经历，带着孩子去玩具店买玩具，给孩子一些钱，让他在规定的时间内赶紧把玩具给买了。完美主义者型孩子总会垂头丧气地从商店里走出来，因为他们不知道到底应该买哪个玩具。所以，你最好在出发前就与他一块儿想好要买什么玩具。

酒神型孩子

如果你的孩子是酒神型的，你可别指望他能在没有你帮助的情况下好好履行自己的开支计划。钱在这类孩子那里根本留不住。你最好替他做一个流动账务表，帮助他实现自己的存储计划。一定要把实现目标的时间跨度尽可能缩短，这类孩子特别贪玩，容易在外界诱惑下偏离自己的计划。

你最好把每月的零花钱一周一周地给他们，而不是一个月给一次，这样有利于他们更好地存钱。你也可以向他们推荐信封理财法，让他们把每种开支和收入都存在不同的信封里。这样一来，他们就能更直观地看到自己的钱是怎么分配的，从而更好地执行自己的理财计划。

"存钱罐"型孩子

如果你的孩子是"存钱罐"型的，那你早就应该发现：他特别喜欢和自己的"宝贝财产"待在一起，说不定他还喜欢把搜集的硬币放在一个透明的容器里，这样便可以每天都欣赏到自己的成果。对于这样的孩子，你应当早一些教他投资，最好能告诉他通货膨胀是怎么一回事。这样他才能知道，有时候在投资上偶尔犯些错误也比把钱全存在银行里眼睁睁看它们贬值要好。

如果这类孩子要买股票，最好把购股凭证放在他手里。能实实在在地"看"到自己所买的公司购股凭证，这会让

第六章 财富和孩子　125

他比较有安全感。其实你也可以登录 www.oneshare.com 网站买某支股票中的一股。只要你通过这个网站买了某家公司的一股股票，你就可以得到一个黄铜纪念盘，甚至能够在上面刻上自己想说的话，并且装潢起来。这是绝佳的礼品，特别是送给新生儿或者来自其他国家的人。要知道，能拥有"美国"的一部分是件多么有意义的事情啊！这虽然算不上投资，但却能提醒我们——我们生活在世界上最好的、最伟大的国家中。在这里，哪怕不是百万富翁，你也可以成为你所喜欢的公司的股东。

现在你也许会问我，为什么我一直在强调与孩子们谈理财的时候要考虑他们的人格特点呢？毕竟，你才是每个月支付按揭的人，你才是让他们有衣服穿有饭吃的人，应该让他们顺着你的性格来才对，为什么反倒是要你来顺着这些小家伙的性子？按照这个理论，你是不是得成为一个唯唯诺诺的父母，或者说这根本就是一堆多愁善感的哲学？其实不是的。

你可以通过学习其他人格的优点来完善自己的理财人格，从而更好地经营你的财富。如果你能仔细分析自己理财行为背后的动机，这将会对你孩子长大后的理财行为产生积极的影响。请务必记住，各种理财方法并没有对错之分，我们追求的只是一种平衡。在挣钱、花钱、存钱及投资四个方面，你在任何一方面走向极端都会对孩子以后的理财产生消极的影响。

你不用在什么事情上都顺着孩子，但是你毕竟比他们年长、比他们聪明，你应当读懂他们，然后再去塑造他们（当然是往好的方向塑造），特别是在理财方面。你对孩子人格特点的解读将给你带来许多意想不到的收益，不仅仅局限在理财上。

明尼苏达州的一个中学曾做过这样一个实验：他们选取了四个愿意解读自己人格特点的六年级老师，这些老师把自己的人格特点介绍给了各自的学生。然后，根据各自的人格特点，四名老师把他们的教学计划和风格也进行了调整。

一个学期以后，四名老师所教班级学生的成绩和出勤率比其他所有六年级班级都要高。为什么会这样？因为通过实验，四名老师与学生建立了一种可靠的信任关系，这

> 孩子很少会无中生有，
> 实际上他们经常会把那些你不应当说的话
> 一字不漏地复述出来。
>
> ——无名氏

种信任对学习效率的提高起到了至关重要的作用。同理，如果你能用心去发现自己的人格特点、去发现孩子们的人格特点及与他们交流的正确方式，这对你真正认识自己（不管是作为一个人的自己，还是作为父母的自己）大有帮助。况且，这还能提高你的理财能力，让你最大限度地享受你所拥有的财富。明尼苏达州的那个实验还有一个惊人的结果，那就是学生的不良行为大大减少了，这对家长来说可真是一件开心的事。

我有两个儿子，托尼和乔纳森。托尼的人格是酒神型和好好先生型的综合体。在很小的时候，他就会把自己的玩具分给那些没有玩具的小朋友玩。我还清楚地记得在他两岁的时候，我们一块儿唱一首儿歌，大意是一个鸭妈妈有 12 个鸭宝宝，可是让鸭妈妈伤心的是鸭宝宝们都没有鞋子穿。天呐，他理解了这首儿歌的意思以后哭个不停，拉着我去商店要给鸭宝宝买鞋子。

托尼到 21 岁时也没什么改变，他总是跟我讲那些发工资之前只能靠花生酱和果酱度日的家境贫寒的朋友，我都记不清我资助过多少这样的朋友了。对托尼来说，钱是快乐、是自由，钱为他提供了无穷无尽的可能性。作为家长，我每年不变的愿望就是：他账户上的钱能跟上他花钱的能力。为了实现这个愿望，我总是鼓励他使用直接存款，并不断引导他将自己爱冒险的性格转为脚踏实地的投资行为。如今他在炒股，虽然对于股票他总是一买了就舍不得抛掉（这个孩子对人对事一直很执著）。

乔纳森在 9 岁的时候就体现出完美主义者和"存钱罐"型的人格特点。他小时候从来舍不得把自己已经穿不了的衣服或不需要的玩具给别人。我们总是告诉他，应该把这些东西给那些更需要它们的人，可他就是不听。在乔纳森看来，钱意味着安全感。当然，他也会炒股，但是一旦买的股票涨了，他就迫不及待地抛掉，生怕好不容易到手的钱又化为泡影。针对乔纳森的这种特点，我们会不厌其烦地告诉他，证券市场的涨落是很正常的，我们甚至还会帮他列举出所买股票的历年业绩，让他放松下来，不要那么紧张。

> 父亲就是会在钱包里放亲人照片的人。
>
> ——无名氏

这个世界已经很不同了

我们的孩子现在所面临的选择可比我们那时候多得多。你想想看，以前让我们在 31 种口味的冰激凌中选择一种就够难了。现在，食品超市里光咖啡豆就有四十多种，美国直播电视公司（DrecTV）有两百多个频道。如果你现在去星巴克瞧瞧，就会发现服务生报单的声音就像在朗读一篇意大利语的学术论文。

现在的孩子们要花那么多的时间去探索自己的内心世界，去选择属于自己的人生道路，因此他们很难在职业或理财等事情上进行充分而长期的考虑。孩子们要的不是一个能让他们支付账单的工作，而是一个能给他们使命感和成就感的有意义的工作。除此之外，他们还必须为自己活到八十来岁做好充分准备，否则人还在钱却没了，这实在是一场悲剧。

关于财富和孩子的小结

纪伯伦曾说："你的孩子，其实不是你的孩子。他们是生命对于自身渴望而诞生的孩子……"从这个角度看，作为家长，你只是帮助他们成长的助推器，与此同时，他们也是独立的个人—— 一个与你不同的人。虽然出生以后，孩子们往往好几年都离不开父母的照顾，甚至有的孩子对父母长期依赖。但是作为一个独立的人，他们应该有着属于自己的生活，这一点家长们认识得越早越好。

爱他们，但是不要让他们被你的溺爱压得喘不过气来；关怀他们，但不要让他们忘了怎么照顾自己。不要把爱和放纵混为一谈，也不要对孩子过于严格，否则你迟早会毁掉与孩子的关系的。

与孩子在一起时，质量比数量更重要。现在的很多孩子都是被爷爷奶奶、保姆甚至托儿所带大的，所以你要珍惜与孩子们在一起的每一分钟。你应该放下手中的报纸，去关注你的孩子。如果你在忙着查邮件，而孩子在旁边闹得让你无法集中注意力，你大概会烦得不行，只要他们安静下来，你什么都会答应他们。但是，在答应他们之前，你是不是应该仔细想想，孩子和那些所谓重要的事情到底哪个更重要？

第六章 财富和孩子 131

随着孩子不断长大，亲子之间的问题也会积累得越来越多，你迟早会为浪费掉与孩子共度的时光而后悔。所以，不要逃避问题，面对面地问孩子，在他们心中你是个什么样的人，有哪些好的地方、哪些不好的地方。不要害怕他们的答案，你应该按照他们说的去改进自己的行为。

如果你是个严厉的家长，在对孩子的请求说"不"之前，先问问你自己"为什么不"？ 或者想象一下多年后的某一天，孩子质问你："为什么你从来不让我去做自己想做的事情？"为了避免这一天的到来，你现在还有机会。

如果你是一个对孩子过于放纵的家长，孩子在青春期或成年后可能质问你的就是："我做那样的事情时，你为什么都不管我？" 最后，你的纵容在孩子看来就是对他们的冷淡——千万别让这种事情发生。

记住，永远不要对孩子说教，而要以他们能够理解的方式与他们谈话，注意倾听他们的声音。就像你期望得到别人的尊重一样，跟孩子谈话时也要尊重他们，因为孩子同父母在权利上是平等的。其实，和父母一代相比，孩子们有更好的条件，知道的事情也更多，这一点许多父母花了很长时间才懂得。

父母没有必要去试图成为孩子最好的朋友，他们有自己的好朋友，但往往不是你。在你面前，他们需要的是关心、尊重及指导。你要教会他们怎样成为一个独立的人，而不是时刻依赖着你。当你真正明白这一点时，他们才会得到真正的成长，你也会与他们一起成长。

第七章

金钱和朋友

查理拿起服务员放在饭桌上的账单，笑着说道："这账单咱们平分吧！"这句话听上去似乎没什么问题。你想啊，三个朋友辛苦地工作了一整天以后，聚在一块儿吃个晚饭，然后平分账单，这很正常嘛。但查理说话时那种慵懒高傲的样子让弗兰克感到很不舒服，他本能地看了眼帕特里克，以为帕特里克也会觉得查理的这个建议太荒唐了，但他看上去竟然一点意见都没有，于是弗兰克无奈地叹了口气。

弗兰克和帕特里克都默默地从钱包里拿出钱来，数了数，递给了查理，而查理已经把他刚刷过的信用卡放回钱包里。弗兰克心里想着："这家伙倒想得好，直接用信用卡垫付，连钱都不用出！"他暗暗发誓，以后再也不跟查理一块吃饭了。

"我根本不在乎这点钱。"弗兰克走出餐馆后强压着自己的怒火，暗自分析着自己对查理及今晚这件事的不满之情。没错，他的确不是个小气的人。而查理呢，虽然平常看上去是个非常讨人喜欢的社交达人，但每次跟别人一块吃饭，他都会耍同样的把戏。比如在今天的晚饭上吧，查理点了牛排，还要了瓶很贵的黑比诺葡萄酒，而弗兰克和帕特里克吃的不过是普通的汉堡和薯条。难道查理觉得自己只付总账的1/3就够了吗？更过分的是，他明明就知道弗兰克是不喝酒的嘛。

这种把戏玩得太久了，弗兰克决定不再忍气吞声。而同样作为受害人的帕特里克就像没看到发生了什么一样。他就是这样的人，只要能少点矛盾，避免冲突，他就会觉得自己多付一点也没问题，就像今晚这样。而弗兰克却已经忍无可忍了，他心里想着：查理以为自己是谁啊！他凭什么可以这么不公正地对待朋友！

所以，从餐厅走到停车场的路上，弗兰克一言不发，满脸不悦。他恨自己没骨气，竟然在同一个人这里摔倒这么多次，还没胆量跟他挑明这个问题。他钻进车里，把车门"砰"地一声关上，重重地踩了一脚油门，连句"再见"都没说就开车走人了。

听着车胎急速拐弯时发出的声音，两个朋友都目瞪口呆地互相望着。查理刚想说些什么，帕特里克赶紧拉着他的手静静地说："查理，你知道弗兰克的情绪总是变化无常，千万别在意！"

第七章 金钱和朋友 　137

对这几个朋友的人格分析

这三个人来到餐馆，除了带着各自的好胃口之外，还带了一样东西，那就是他们的理财人格。不管你走到哪里，也不管你是女王型购物狂、好好先生、完美主义者、酒神还是"存钱罐"，你的理财人格都像灵魂一样跟着你，在你的人际交往中发挥着巨大的作用。也就是说，我们仔细分析一下这个冲突就会发现，弗兰克对查理其实并没有多么大的敌意，他其实很喜欢这个朋友。谁会不喜欢查理呢。他是典型的酒神，为了朋友他会不惜透支信用卡！但这已经不是他第一次因为对钱的随意态度而影响朋友感情了，事实上，查理与大多数人的关系都是非同一般的。

查理虽然说不上有多帅，但是他天性开朗，整天乐呵呵的，而且非常聪明，对服饰、音乐和书籍都有着独特的品位，这也是为什么他总能排在聚会嘉宾名单的头几位的原因。他对女人特别有吸引力，也经常利用这一点帮助好朋友跟女孩搭讪。但是……但是他那毫无节制的花钱本领比他那最拿手的舞步还要令人感到不可思议。他那夸张的消费成了他标志性的一部分，决定着人们是怎么看待他的。

每当好朋友在他身无分文的时候接济他，他都不会感到过意不去。每当他碰到经济困难或是稍微被生活所累并露出一点点悲伤时，都会有朋友为他挺身而出。他是一个充满生机的人，一点狭隘的私心都没有，朋友们很少因他不知悔改地乱花钱而生气，至少不会生太久的气吧。所以，一般情况下，跟查理一块出来你就准备埋单吧，在这点上没什么好说的。

在查理的朋友圈子里，大多数人都不会介意为这个让人开心的小子出些钱。但是，也没人会说这是个长远之计，朋友们有时把他称为白食客。虽然他确实能给人们带来欢乐，但这个欢乐的代价也是不小的。而且很少有人愿意承认，他们这样做与其说是在帮助他，不如说是在纵容他，让他延续自己在理财上的无能。有时，他的朋友也会有其他目的。通过借钱给他，然后偶尔提醒他还欠着钱，这样一来他们就可以让查理帮他们做些事，至少他们在查理面前会享受到一种优越感。所以你看，到底是谁在利用谁还真不好说呢！

而帕特里克又是属于典型的好好先生。他觉得在这个事件中，查理是没有恶意的，在饭桌上指出他的问题也一点好处都没有（虽然他早就看懂了弗兰克那愤怒的眼神）。本来事情多好啊，几个朋友一块开心地吃饭，最后竟然发展成那样……回想起来，他真希望自己当时能抢着把账全给付了，这样弗兰克就不会生查理的气了。

第七章 金钱和朋友　139

> 如果一个人不跟随同伴的节奏,
> 可能是因为他听到了一个不同的鼓声。
> 就让他跟随自己听到的音乐吧,
> 无论节奏(与同伴的)接近或相差很远。
>
> ——亨利·大卫·梭罗

但从弗兰克这个角度看,其实他并不在意查理是不是别有用心。

他气的是查理从来不在意别人的想法,处事毫无公平可言。而且在很大程度上,他是在生自己的气,觉得自己不应该在同一块石头前摔倒这么多次。从理财人格上看,弗兰克属于完美主义者,他要从各个不同角度把事情分析透后才会行动。但在这次事件中,他竟然没有料到查理会用老伎俩,这当然会让他觉得很失败。

查理做事的随性在弗兰克看来像个谜。弗兰克不能理解,为什么查理可以看都不看就把公寓给买下!而弗兰克呢?他先是花了三年的时间决定自己要住在哪个区,然后又花了两年的时间为自己和家人找到了一栋房子。为了买房,弗兰克的调研工作可真是做到家了。他甚至查了那块地多年来的地震情况和地下水水位情况,研读了城市委员会的所有会议议程,看有没有扩大办学、植树、修路等计划。他不但知道这座城市的犯罪率,甚至了解了每个街区的犯罪率。而且他一旦要考察一个地方,会在一天内不同的时间去好几次,从而切实弄清楚那个地方的噪音情况、风景及上下班高峰的交通状况。

"这次吃的亏是我应得的!"弗兰克对自己吼道。他觉得是自己放松了警惕,而以后这样的事情绝对不允许再发生了!

人不是一座孤岛

三个朋友,三种人格特点,三种完全不同的观点。

到目前为止,我们一直在关注是什么让我们每个人如此不同。

虽然独处有时候可以给我们带来一种安宁的满足感和喜悦感,但我们不得不承认,如果我们没有朋友的关爱,没有朋友与我们一块儿分享美好的时光,没有朋友和我们一起庆祝那开心的时刻,成功又有什么意思呢?在人际交往的过程中,我们的性格特点和理财人格发挥着巨大的作用。社交聚会为我们提供了一个展现自己性格的舞台。在钱这个问题上,由于个人性格的特殊性,你所想的往往也会和现实有很大差距。

还记得我们在第一章提到的女王型购物狂吗？她认为人们会被自己那些美丽的服装所吸引，但现实却不是这样。她每买一件昂贵的衣服，就相当于在自己与外部世界的隔离墙上又垒了一块砖头。殊不知，那些让她彰显成功和自信的首饰与服装只会给别人带来强烈的压迫感，而不是她千方百计想赢得的吸引力。

她想给人一种非常自信的感觉，但这样别人是不愿意走近她的。因为别人会把她的华丽解读为一种清高，这让人很不舒服。女王型购物狂从来不会邀请她的同事或普通朋友到她家。别人一般都会以为她只会邀请更有社会地位的人到家里，说得更直接些，大家会觉得她是个很势利的人，但其实根本不是这样。她不邀请人们到她家里的唯一原因是，她家寒酸得没什么家具。

这下你明白了吧，女王型购物狂情愿把所有的钱拿来添置身上的行头，也不愿意用来改善自己的居住条件或与朋友之间的关系。她的工资全都用来买那些没给她带来什么积极效果的衣服了。不管她承不承认，她那寒酸的房间才能体现她内心的真实感受：孤单、害怕、无人欣赏、劳累不堪。

那在人们眼中，"存钱罐"们又是怎样的呢？他们在

> **金钱是我们自尊的假卫士。**
>
> ——凯萨琳·葛尼

圣诞节时总是送出非常便宜的礼物，办公室里有人过生日时他们也不愿意凑份开派对。

人们一般会觉得，好好先生是不会管理自己财富的倒霉蛋。有的人觉得好好先生不过是一个代表好人的符号而已，而好好先生则会认为自己让身边的世界变得更和平，像齐唱空巴亚一样充满和谐美。好好先生总是抢着付账，借出一些明显收不回来的钱，也不管人们会不会觉得他太软弱，也难怪大家会把他看成一个无法管理自己财富的倒霉蛋了。

像查理这样的酒神想尽一切办法让别人喜欢他们，但大伙儿最终却会疏远他们——谁会愿意长期资助一个只会吃喝玩乐的闲人呢？

完美主义者会不断使用各种数据表格来给朋友提各种各样的建议，本来这些建议都很有道理，但是他们总是喋喋不休，再加上他们对钱马首是瞻的屈膝态度，最终会让朋友感到反感。

第七章 金钱和朋友 143

个人借款

如果你经济独立，没有债务，而且总是能够及时地付清你的账单，那么迟早会有朋友或亲戚来找你借钱。你该怎么办呢？这得看你是一个什么样的放款人。做一做以下这个小测验，你就可以知道你适不适合经商了。

在你同意的选项上画圈。

1. 你认为借钱给朋友时收利息是很正常的。

   同意　　不同意

2. 如果同事两周前问你借了 5 美元的出租车费，而且一直都没提这件事，你会主动让他还钱。

   同意　　不同意

3. 一个朋友向你借了好几次钱，都没有按时偿还，你会帮他做出一个预算，让他更好地理财。

   同意　　不同意

4. 如果你最好的朋友向你借钱，而你知道他多半是还不上这笔钱的，你会非常坚决地拒绝他，并且很直接地告诉他原因。

   同意　　不同意

5. 当你向朋友借钱时，你会坚持写一个很正式的借条，并把借钱的利息都写在上面。

   同意　　不同意

如果你在三道以上的题目中选择了"同意"，你就没有必要再看这一章了，因为你没有把家人、朋友与钱混为一谈。对于没有达到这一要求的人，我希望你们能够按照以下方案来解决这种异常棘手的问题。

A计划特别简单，是一种用来委婉拒绝别人的方法。有了这个方法，你就不至于在别人找你借钱的情况下措手不及了。记住，如果有熟人向你借钱，你就说："我不能这样做，因为我不想失去与你的这份感情！"就这么简单一句话，说完了赶紧把话题转开，然后让上天保佑此话题别再被提起来了。

A计划并不是百试不爽，因为有时你会遇到非常顽固的借钱人，有时候你也确实不忍心不借给那个人。如果你没有富裕到可以把钱随便送给他，或者你已经决定借给他，那赶紧启用B计划。只有通过B计划你才可能避免未来出现无法收拾的残局。

既然同意借钱了，那好，握个手，抱一抱，这当然会让人很开心。但是，什么也没有一个成文的借款协定来得更实在。因为不管多么坚固的友情和亲情，都可能因为对条款的误解而毁于一旦。据数据统计显示，个人贷款被拖欠的几率比银行贷款要高出14倍，而后者的拖欠率就已经有1%了。所以说，如果你只是糊里糊涂地把钱给借出去，

第七章 金钱和朋友 145

> **向朋友借钱之前先确定一下，**
> **在朋友和钱之间你想选择哪一个。**
>
> ——阿狄森·H. 哈洛克

那么你多半会赔了朋友又折钱。我给你的这个建议应该是超越理财人格的，适用于所有性格特点的人。不管你是谁，不管你借钱给谁，或者向谁借钱，你都要非常小心地把借钱这件事做好，一旦没做好就将是你人生一大败笔。

让我们来假设一下这样的情形：你的兄弟文尼（酒神型）向你要一笔短期借款来扩大他的投资本金。这样，他在假期里就能做一笔很有把握的大生意。文尼向你保证，下个月订单的首付款一到就把这笔钱还上。你同意了，两人握手达成协议，你给他开了一张支票，一切都进展得很完美。

但说话间，假期已经过去了，你的兄弟文尼却还没还你钱，事态发展急转直下。

在一个你和文尼都在场的家庭聚会上，为了顾及文尼的自尊心，也为了家庭的和睦，你没提还钱的事。但是，文尼却像躲瘟疫一样躲着你，这让你无比愤怒，心想他怎么可以这样呢！你感觉自己像是被背叛了，好心把钱借给他，他却这样对你。早知这样，当初真应该……你感到自己的血压在不断升高。

你看，事情往往就是这样迅速失控的。

要想逃避这样的厄运，你唯一的办法就是依靠 B 计划。

你应当跟他说："我很高兴自己能在你需要钱的时候尽到微薄之力，文尼！这笔钱这会儿对我也没那么重要，如果借给你的话，对我们俩都有好处。但是，为了不让这笔借款影响我们之间的兄弟之情，我想它应当这样……"

然后你告诉文尼，在美国有上千万的人向朋友和亲戚借钱，有一类公司是专门处理这类业务的。如果通过这种更加正式的渠道来开展你们两人间的借贷，对他来说更有利。作为借贷程序的一部分，该公司会设立一个专门负责管理还款的账户。每当还款人往该账户里还款，银行就会通知征信机构。也就是说，他偿还贷款的过程将有利于他建立个人信用史。通过这种方式贷款，他还可以在纳税申报单上免去他需要向你支付的利息（如果你决定向他收取利息的话）。

在谷歌中搜索"人际贷款"，便可以找到很多提供这种服务的公司。访问其中的一个，然后仔细阅读屏幕上的指示。一般来说，你还可以在公司网站上免费下载整个流程的介绍说明。你可以和你兄弟一块儿上网查看那些说明，

第七章 金钱和朋友 **147**

也可以让他有空的时候自己去看。仔细考虑之后，他若是决定通过这种方式来进行"人际贷款"，就让他给你打电话。

这样便把一切都搞定了。你可以搂着你的兄弟去喝杯小酒，剩下的就是等着他给你打电话吧。他现在有了足够的信息来作出决定——是否应当继续向你借钱。他明确地知道每一步应该怎么做，而你几乎不需要承担一点儿压力。

商业合伙人

啊！多么美好的儿时回忆：你的第一个柠檬汁小铺。你那么专业地站在柜台前，似乎整个街区的人都要开车来你的小铺买上一大纸杯的柠檬汁。你像个行家一样，觉得自己已经势不可当地将要成为一名准商业人士了。

你最好的朋友加利特担任你的行政助理，精于计算的他就像军师一样辅佐着你。他的主要工作是把装柠檬汁的杯子整齐地摆在桌上，这样顾客就不用等太久了。除此以外，加利特还得负责找零钱及做柠檬汁。

忙碌而充实地度过一个周六的下午，这是件多么开心的事啊……可是突然，加利特开始变得像个老板一样对你指手画脚，要你往大水罐里倒柠檬汁——你们的友情和合作就快要走到尽头了。

合伙的秘诀

让我们一起畅想一下：你想通过开小狗美容院来走上一条比尔·盖茨般的致富道路。你和你的几个大学哥们为了这个创业计划已经筹备好几个月了，你甚至想好了店名，就叫"旅行的海绵"。你的哥们有辆卡车，有给狗洗澡的管子，而且他自己就有三条狗。而你呢？你有着能把帽子卖给和尚的过人口才。你们俩这么一组合，好像什么都不缺了，是不是可以开始创业了呢？

等等！别那么着急。两个脑袋不一定比一个好。在你开始给第一个毛茸茸的客户洗澡时，得先考虑考虑以下几个问题。要知道，你们俩在周末出去玩时是好朋友，这并不代表你们俩在工作日也能成为好的合伙人。你们首先要经历的严峻挑战就是，你确定你们俩在一起时的工作效率比单独工作时要高吗？你和你的合伙人不妨诚实地回答以下问题：

● 你是否认为对方的努力对创业的成功有着至关重要的作用？为什么？

● 你们各自能贡献什么特长或技能，以保证你们组合起来能产生更大的合力？

- 你能用最多二十个字来总结你们创立这家店的目标和使命吗？

- 你准备使用什么样的经营体制？

- 谁对这家店拥有所有权？所有权应该取决于对这家店的贡献，不管是在金钱上的贡献还是在其他方面。

- 你们准备怎么分配利润？万一亏本了，你们打算怎么办？

- 你们如何支付商店运行过程中产生的各项开支？你们各自准备为这个店投入多少钱？

- 你们在创业中各自的角色是什么样的？随着时间的推移，如果角色产生了变化怎么办？这会对所有权产生影响吗？

- 你们之间谁拥有最终决策权？换句话说，当意见不一致时，谁是那个最后拍板的人？

  如果碰到以下情况该怎么办？

- 你们中的一个人决定退出时该怎么办？你们如何评估商店的资产？退出一方将按照什么样的方式、在何时得到他应得的那一部分资产？

- 你们中的一个人结婚了该怎么办？离婚了又该怎么办？

- 你们中的一个人死亡了该怎么办？我知道这个想法挺可怕的，但是你们必须得考虑到。

- 你们准备聘请员工吗？准备什么时候开始聘请？谁来掌管人事权？

- 你们通过何种机制沟通？

- 你们俩做事情时都对彼此特别信任吗？或是就算信任也要证实一下的那种？

- 你们都是乐观主义者吗？还是悲观主义者？

- 你们对工作有同样的道德规范吗？

在此，还有一个最难的问题：你知道自己和合伙人的理财人格吗？你知道这种性格上的差异会怎样影响你们的创业吗？

提示：如果你的朋友是个酒神，他将十分乐意把大笔钱砸在购买易趣网的三角式马桶上面，因为卖家号称这是猫王的屁股坐过的马桶。你会愿意与这种人一块合作创业吗？你忍心把自己的时间、金钱和努力浪费在这样一个对理财一窍不通的人身上吗？你愿意和他一块儿共事吗？如果你们的投资失败了，你就成了唯一一个有希望降低投资损失的人，你愿意这样吗？如果你的合伙人是个完美主义者，那你就准备好天天为他的优柔寡断抓狂吧。

第七章　金钱和朋友　151

如果你决定和你的朋友一块儿创业，我建议你们在正式签订合作协议前先经历一段合作试验期。比如说，一起做一个为期三个月的项目，在该项目中你们可以平均地投入资金和获得利润。在试验性合作中，如果你们仍然觉得在一块儿共事对你俩都有好处，那我祝福你们，一起去追求你们共同的梦想吧！但即便是这样，你们也务必要签订一个文字的正式协议。为了确保你们拿出一个合理的创业计划，顺利地开始你们的经商生涯，我建议你们登录美国小企业管理局的官方网站（www.sba.gov）查寻相关内容。祝你们好运！

关于朋友

只有在对自己有了足够的了解后，你才能与别人建立起良好的人际关系。给自己找到希望，坚持自己的梦想并不是一件容易的事情，这需要很大的勇气。而且你要知道，并不是你身边的每个人都会支持你、鼓励你，要做到这一点是难上加难。一旦你掌握了自己的性格特点，知道自己在压力下为什么会有那样的反应，你就可以开始关注身边朋友和同事的种种迹象和表现了，并揣摩他们的性格特点，从而了解他们对待金钱、成功、恐惧、信任及友情的态度。

> 伟人谈的是思想，而小人谈的是别人。
>
> ——托比亚斯·S.吉布森

注意听他们的话语，观察他们说话的方式。

不管是在工作还是在娱乐，尽量去和心态积极的人交往。毕竟，如若你整日身处鸡群，自然是无法像鹰一样高飞的。当你对自己的认识不断加深并且不断成长时，你就会发现身边那些不思进取的朋友会从你的世界里慢慢淡出。

不要伤心、不要绝望，失去这些朋友可能会让你感到迷惑甚至痛苦，但这是个人成长所必须经历的，是一个非常必要的过程。你有权利去选择那些能够理解你、帮助你、同情你，让你感觉舒服的朋友。

事情往往就是这样。几个月或者几年之后，你突然发现某个朋友不再是当初你认识的那个人了。这种认识上的变化可能来自于对方，也可能来自于你自身。让他们成为历史吧！记住，失去这个朋友并不代表你们之间的共同回忆对你们都不再重要。只是，你得向前看，离开他是你现实的需要。

每个出现在你生命中的人都会教给你一些东西。只不过有的人来了就走，因为他们得给后来的人留出位置。

关于金钱和朋友的小结

当你感到迷惑或受到伤害时，要诚实勇敢地把你的感受对别人说出来，但是不要加入任何私人恩怨。请在第一时间把你所想的告诉你的朋友，如果错过了时机，你只会让自己更加恼火，让局势更加糟糕。这样的话，你迟早会爆发的，然后说出一些不该说的话——你这样做对谁都没有好处。

如果是别人朝你发火，那么千万别和对方较劲。深呼吸，让你那不自觉紧皱着的眉头放松下来，不要把两臂环抱在胸前，让自己接受已经发生的事情。仔细去倾听，特别是要用心去倾听，想想对方之所以这么不讨你喜欢，是不是因为他太在乎你、太关心你了。

我们都知道，表情是具有欺骗性的。所以，当你遇到什么不顺心的事情时，一定要坦诚地跟朋友说清楚，而不是带着一副假笑来面对冲突。只有这样才能真正解决你俩之间的误解和矛盾。如果一个人能够敞开自己的胸怀，用心去倾听别人的观点，而不是感觉自己被欺负、被羞辱、被迫害了，那么人与人之间的交往会简单很多，医生们也可以省去很多事了。

所以，记住，不要放过机会，一定要诚恳而谦逊地说出你的感受，在倾听对方观点的同时也要说出自己的观点，这样才有利于你们友情的进一步发展。也只有这样一块砖一块砖地构筑你们的友情，你们之间的感情才能真正地坚固起来，并经受住时间的考验。

第八章

金钱和爱情

个人正在吃力地挪钢琴，钢琴一半在门内一半在门外，他使尽了全身力气也无法挪动半步。幸好这时有个路过的邻居来给他帮忙，可把钢琴的主人给高兴坏了，但两个人一块儿满头大汗地使了半个钟头的劲儿，钢琴仍然纹丝不动。最后，钢琴的主人只得无奈地说："看来我们是白费力气，我们俩是怎么也不可能把它搬出去了。"听到这话，邻居抬起头来一脸困惑地问道："原来你是要搬出去？"

其实，夫妻间所有的理财问题都可以从这个小故事里找到答案：夫妻一定要有共同的财务目标。

你，我，钱

也许你知道爱人最喜欢的歌是哪一首，但你不一定知道他／她在 401(k) 账户上到底有多少钱，或是准备怎样偿还信用卡债务。你也许还不明确，你们俩到底将由谁来主管财政大权，或是在借钱给朋友之前，借出多少钱以内是可以不用跟对方商量的。被我这么否定了一番，也许你会很不屑地回应道："这跟爱情有关系吗？"或是说："那又怎么样？我信任他／她呀！"

如果你这样认为，那我们真得坐下来好好谈谈了。

我可不想跟你们讲什么获得幸福婚姻的秘诀。但是你要知道，有一半以上的离婚案都是由经济原因导致的。所以你不得不承认，如果你能够掌握自己的理财方式，并且尊重他／她的理财方式，那么，你们在一起恩恩爱爱地度过金婚的几率会大很多。的确，在爱情中，钱一直是个特别敏感的话题。但是，如果你们能够不回避这个问题，一起开诚布公地讨论，那你们将来很有可能会过得非常幸福。如果你在理财上与配偶有很好的沟通，你会发现这种畅通的沟通机制也将在你们感情的其他方面发挥作用。

到目前为止，本书主要是在讨论如何利用你的性格特点来实现你的梦想，了解并欣赏你的各种优秀或者拙劣表现背后的本质原因，让你作出更正确的理财决定，从而真正成为自己人生的掌舵人。就算是弱点，一旦你已经意识到了它的存在及它如何对你产生负面影响，它也就失去了之前的力量。如果你能参透我所说的这些，那么对你自己

第八章　金钱和爱情　159

> 当葛培理被问到与妻子相爱 54 年之久的秘密时，
> 他说："我和露丝能够愉快地互不相容！"

的理财，你将会有一种得心应手的感觉，甚至会做出一些超出自己性格特点的事情。比如说，试验一下别的理财人格的特长，看看那是种什么感觉。这些尝试可以让你变得更加强大。

但是请记住，在与你的爱人谈论你的财富观之前，你必须切实弄清楚自己对赚钱、存钱、花钱、投资的态度。只有这样，你才可以进入下一步：把两个人的性格特点融合起来，打造一个天衣无缝的理财组合。也只有这样，双方才不会因为性格的差异而遭受任何情感或财富上的损失。形成这样的一个组合是一种非常有趣的体验。

生活中有一种有趣的现象：当你陷入爱情的时候，你倾向于找一个和你很不同的人，因为她／他的不同对你有一种特别的吸引力。即使那个人有一点点小缺点，你也毫不介意，觉得那都是可以慢慢改过来的，并且最终将趋于完美。可是在大多数情况下，她／他结婚前吸引你的那些东西，在结婚后往往会变成你们烦恼的源泉。

相互交流

性格相反的人确实会相互吸引。但是，为了避免家庭因为经济问题导致冲突甚至危机，你最好先熟悉一下以下三种可能发展为冲突的典型迹象：

1. 你与爱人还没有讨论过你们在理财上的共同目标和期望，也没有交流过哪些是你们要优先考虑的，哪些是你们共同偏好的。

2. 你发现自己和爱人在理财上有着完全不同的哲学——这本身并不是什么问题，但如果你不去很好地处理这种差异，就肯定会导致事态恶化。

3. 你们之中有一个人感到自己很优越，想在经济上控制另一个人。

比如说，当你们约会的时候，他会送你很多精美的礼物。约会时，你不会去想他是从哪儿弄来的那笔钱。但是，一旦你们进入了婚姻的殿堂，使用着同一个支票账户时，你肯定会对他这种无节制的消费习惯感到反感和厌恶。因为他这样会让你感到失去了对自己财富的控制，更不用说将来能有什么成为亿万富翁的机会了。两个人在一起生活就是这样。就算你们俩都是酒神，但随着时间的推移，你们中总会有一个人不得不在生活的磨炼下变得精打细算。

现在就行动起来

我们在本书中谈到的不同理财人格之间其实并没有一个非常明晰的界限。但是，你还是可以了解一下各个理财人格的人在感情中会表现出什么特点，也许其中的好几点都适合你。下文可以帮助你理解配偶在理财上的倾向，以及同他／她谈论理财时应当采用的策略。

女王型购物狂：作为女王型购物狂，她对待感情有着非常传统的态度，婚姻给她带来的安全感和社会地位是她证明自己价值的另一种途径。她非常忠于她的丈夫，能够为了家庭有更牢靠的经济基础而努力工作。在她看来，相互间的信任是最重要的。

由于她把钱和权力、地位联系了起来，因此，在各种理财人格中，她对钱的反应是最强烈的。她在谈论这个话题时总是控制不住自己的情绪。在经济上，她不想依靠任何人。对她而言，经济上的自主是非常重要的，她希望自己想买的东西都能花钱买下。所以，作为她的配偶，在有什么大的消费计划前最好先征求一下她的意见，哪怕她说不干涉你的理财决策。你能提前问一下她，这会让她觉得自己很重要，因此也就不会轻易跟你唱反调了。

当她决定从传统的储蓄向股票和基金等投资领域进军时，你对她的建议和鼓励非常重要，能够增强她的自信，促进她的成长。反之，负面的评价则会给她造成很大的打击。

好好先生：如果他是个好好先生，那么在爱情与婚姻中，他寻找的就不只是一个可以陪伴他一起走过漫漫人生路的同行者，而是一个能和他交心的人。他天性富于想象，对生命和爱情都充满了好奇，但在感情上却很容易受到伤害。他浪漫到了极致，因而往往有意回避钱这个问题，直到这个问题糟糕到他不得不面对时。在他看来，钱与那些关乎生命本质的东西比起来真是太微不足道了。他不喜欢闲聊，喜欢去思考更深层次的问题，比如说那些能让人们心中产生深刻共鸣的关于真善美的东西。好好先生们非常在意身边人的感受，所以很容易在情绪上被爱人所影响。所以，作为好好先生的配偶的你，一定要熟知好好先生的这些性格特点，并把自己各种行动背后的原因对好好先生不厌其烦地解释清楚。这个过程绝对省不了，因为如果让好好先生们用自己的那套思维方式去揣摩，那他是怎么也想不通的。

第八章　金钱和爱情　163

与他们谈论钱时，最好是先描述结果，给他一个大的图景。比如说，你可以跟他说："我们一块儿去那个我们一直想去的、提供早餐的宾馆度假吧！下周就出发，因为那时候我们可以拿到政府给我们的退款。"而不是说："我们应该怎么花这笔政府退款呢？"也就是说，你必须让他在脑海中形成一个美好的场景，然后再不知不觉地转回到怎么弄来这笔钱的问题上。

好好先生对钱不屑一顾，这就是为什么你要用这么特别的方式来跟他谈钱。而且，你向他描述的那个场景越具体越好，先把他的胃口足足地调起来，然后再来讨论具体的实施方案。

完美主义者：完美主义者的内心既充满了对外界的怀疑又满怀理想，虽然他表面上总是显得那么冷酷、那么现实，但其实他一直在暗暗地努力平衡自己的爱情与事业。他一般会找一个他深爱并且十分佩服的人作为配偶。在感情上，即使他深爱着对方，也还是会经常沉浸在自己的书本和电脑当中，需要有人提醒才能想起自己的家庭来。他的配偶若是一个非常情绪化的人，他往往会任由对方发火，直到对方安静下来。如果他的配偶是好好先生、女王型购物狂或酒神型的人，那么他这种消极的处理方式只会带来更多的麻烦，因为这些类型的人特别需要他人的理解与肯定。

所以，与完美主义者相处，不能使用过于情绪化的手段，那样只会给他带来更多无法处理的细节问题，让他感到更加无所适从。其实，你只需要为你要做的事情找到非常明了易懂的事实作支撑，并用最简单直接的方式让他明白。完美主义者比较善于分析思维而不是综合思维。所以，与其给他们一个大的宏观画面，不如通过一些很小很具体的细节来说服他们。

也就是说，要想当好完美主义者的另一半，你要学会给你的购买或投资行为找到一个非常实际的理由。完美主义者关心的不是这东西以后有什么用，而是现在有什么用。你把自己的理由说完之后，也许他还会问你更多的问题。别以为他这是在怀疑这个建议的合理性，他这样问只是想要得到更多的信息。忘了吗？这可是他的本性。

酒神：酒神们都很乐观，这是他们最有魅力的地方。他们为人处世自然大方，而且他们散发出的那种顽皮的性感特别吸引异性，他们总是可以给感情注入很多快乐和激情。他们是按照自己感觉生活的人。如果他属于外向型，那么他很有可能会热衷于大型派对，在朋友、食物和喧嚣声中充分享受他的生命；如果他是个内向的人，则可能会需要一个稍安静的环境，但他的眼中还是会闪烁着那种奇

第八章　金钱和爱情　　165

特的、有些淘气的光芒。

在生活中，酒神要么是在奢侈地大吃大喝，要么是在可怜地挨饿，因为对他而言，活在当下才是最重要的。这样一来，他在面对未来时则没有什么理财计划。但是，这种未雨绸缪的理财计划对于婚姻来说却是至关重要的。对于生活，他需要一个很大的自由空间，否则他会有窒息感。这意味着作为他的配偶，你要忍受他的各种不切实际的玩具、工具和各种冒险旅游。对他来说，严肃的爱情真不是件容易事。

从约会期向追求期过渡时，他也许会向爱人摆出一副要重塑自己理财观的架势，但是放心吧，他坚持不了多久的。不管他当时有多么认真，在他的世界里，"预算"、"远期计划"及"明天"都是难以理解的概念。所以作为酒神的爱人，你也要在生活中尽量避免使用这些词汇，不然他们难以接受。确实是别无它法，面对这种人，就算谈论"目标"也得说成是"愿望"。

只要是在正在进行的情况下，和他讨论钱是没有问题的。虽然他不希望每天都制订什么经济预算，但是他也需要别人给他一些理财上的建议和帮助。当然，对他而言最重要的还是经济的自主权，因为他觉得钱就是爱情的象征。如果没钱，他就会感觉自己像没有被爱一样，非常伤心，甚至有患上一场大病的可能。

其实，他在理财上并不是白痴一个。他超强的沟通能力和激励他人的能力使他非常适合涉足房地产、股票和保险等行业。其实，"计划"这个词对他来说也没有那么可怕。如果一个计划可以保证给他带来快乐和激情，他也是很愿意参加的。所以，如果想让酒神们参与一个计划，用一个美好的结果来诱惑他就是最聪明的办法了。但是请记住，这个计划千万不能是长期的，别忘了，他们可是酒神哦。

"存钱罐"："存钱罐"处事刻板机械，一切按照计划行动，喜欢走一条被别人不断走过的安全老路，而不会去探索一条属于自己的全新道路。风险是"存钱罐"们要不惜一切代价避免的。他们的这些性格在生活中表现为对财政的绝对控制，家人很难从他们那里要到钱。"存钱罐"们的配偶或其他家人要想从他们那里要到钱，一定要准备好非常充分的理由，而且这些理由一定得符合逻辑，不能夹杂一点儿感情的成分。

只有计划和方案才能让他感到非常安全。所以，每当家人所用的钱超出了他的计划时，他就容易说出一些很伤感情的话，比如"你这个星期花的钱太多了，究竟怎么回事啊"。其实他关心的只是这笔开支是否超出了他的预算，而对家人花钱本身并没有任何看法。在钱这个问题上，他

第八章　金钱和爱情　**167**

自我审视

现在，你已经知道该怎样同各种理财人格的人谈论理财了。做一做以下这个小测验，它能诊断出你和你的爱人在哪些方面还需要进一步改进。你们分开做，做完后对比一下各自的答案。

在你同意的选项下画圈。

1. 我爱人花钱是基于我们共同制订的计划。

　　　　　　同意　　　不同意

2. 我和爱人是按照我们的能力来分配理财责任的。

　　　　　　同意　　　不同意

3. 我了解我爱人所属的理财人格。

　　　　　　同意　　　不同意

4. 我和我爱人都知道我们现在有多少钱，以及我们欠了多少钱。

　　　　　　同意　　　不同意

5. 钱是一个我们会经常一块儿谈论的话题。

　　　　　　同意　　　不同意

看一看你们在哪几道题的选择上是不一样的，而这些正是你们以后急需解决的问题。

觉得只要能够更好地执行预算，就算说话得罪了家人也划得来——他就喜欢这么简单地处理事情。

看了以上这些不同理财人格的人在感情上的倾向，你应该知道怎样和你的爱人谈家庭理财这件事了吧？一旦你掌握了自己和爱人的理财性格特点，你们俩就可以尝试着交流各自在这方面的看法，并且用自己觉得最舒服的方式来说。当你们俩有了共同的目标后，所有的不愉快便成了相互理解，而这些相互间的理解最终会成为你们家庭幸福的保障。

未来

这是一个再简单不过的道理：除非你知道自己到底想到哪儿去，否则你永远也到不了那儿。但是，当你有太多的想法和愿望时，你该怎么办呢？在这里，不管是个人还是夫妻，我都可以教你一个非常可行的方法——清单法。你们可以通过这种简单易行的方法来实现双方的积极互动，从而找到一条属于你们自己的财富之路。

还记得我在本章开头说到的抬钢琴的故事吗？以下就是让你们朝着一个方向用力的具体操作步骤：

1. 写出你个人最想实现的 10 个目标。这些目标可以是关于你的事业、收入、住房、娱乐、旅游、退休、孩子的教育、社区活动及医疗保健，你只管把自己身体、心理和精神上的需要都考虑进去。

2. 写完这 10 个目标后，把它们按照重要性大小依次排列。你们可以按照这个顺序：排在前三位的是你认为必须要实现的，第四到第五位的是可以实现但没有那么重要的，从第六到第十位的是那些在条件允许的前提下尽量去实现的。

3. 然后回到这个清单上，写下实现每个目标需要花费的时间。

4. 下一步，在那些需要花钱的目标后面标上一个美元符号，在那些不用花钱就可以让你很开心的目标后面画上一个红桃心符号。

5. 现在，同你的爱人交换你们写下的清单。

6. 看看你爱人的清单，选出两个你愿意帮助她一块儿实现的目标，让她也在你的清单中选出两个她愿意帮助你实现的目标。

7. 现在，你们已经把对各自非常重要的目标成功地与对方进行了交流。而且作为夫妻，你们现在已经有了四个共同的目标。记住，不管你们是一个人还是一对夫妻，你们最多只可能有八个目标，所以千万不要小看你们已经拥有的这四个。要知道，你们现在已经达到最大极限的一半了。

8. 完成这个清单上的目标是不可能一蹴而就的，这将是一个漫长的过程。在这个过程中，你们要定期对清单的完成情况进行反思和总结，甚至在必要的时候进行调整。对清单的内容或者目标重要性的排序进行合理调整，这是很正常的事情。只是，你们俩要一块儿调整，并且两个人都要积极参与到这个过程中来。通过这种形式，你们可以避免很多不必要的矛盾。总之，清单法最大的目的就是，让你看到什么是对自己真正重要的东西，然后两个人设计出一个共同的人生蓝图。

当你有了属于自己的人生清单后，你应该再回过头来看一看，看看那些你认为必须实现的目标，它们之间有什么共同点？是关于娱乐的，还是关于自由、安全感或者地位的？你爱人的清单上又有些什么特点？这一点非常重要，一定要好好分析。当你发现了支撑这些目标背后的欲望之后，不要试图去抵抗它们，而是要接受它们，并把这些欲望控制在一个合理的范围内。要想清除这些在不知不觉间侵蚀你俩感情的顽疾，你需要意识到隐藏在自己潜意

> 你有你的缺口，我也有我的缺口，
>
> 但当我们俩在一块时，缺口相互弥补，我们就圆满了。
>
> ——洛奇

识里的对钱的信念。

最后，恭喜你们！你们已经开始往同一个方向抬钢琴了。

你当水泥我当钢筋

水泥和钢筋？将这两样东西摆在一块儿，也许你会觉得一点儿浪漫气息都没有。水泥和钢筋怎么会跟我们要讨论的感情问题扯上关系？其实还真有关系。众所周知，水泥是一种抗压强度非常大的物质，讲得通俗一点，即水泥可以承受很大的力却不碎裂。但是，如果你用一块长方体的水泥去猛烈撞击一个坚硬的东西时，水泥却会被轻而易举地击碎。

而钢筋呢，具有很强的延展性。若是你把一根钢筋架起来，然后用刚才那个击碎水泥的坚硬物去击打钢筋，钢筋要么就是什么变化也没有，要么就只会弯曲，但是绝对不会被折断。可是，你敢想象一栋只用钢筋来支撑的大楼吗？估计一阵微风都可以把它吹得东倒西歪。

所以你看，这两样东西都有着自己的强项和弱项。有趣的是，当你把这两样东西合在一块儿之后，便可以得到我们熟悉的钢筋混凝土—— 一种非常坚固的材料。你们想想，幸福的婚姻不也是这样吗？钢筋混凝土的坚硬程度是世界上任何水泥和钢筋都无法比拟的。在钢筋混凝土中，水泥和钢筋把各自的优势和强项整合在了一起，把各自的缺陷都成功地回避了。一段幸福的感情也是这样，如果双方都知道自己的优点和缺点，然后把各自的优点整合在一块儿，就可以形成一股巨大的合力。这时，一加一不再等于二，而是等于十一。

大多数夫妻在协同理财的问题上都很茫然。他们不采取任何措施，而是放任事态恶化，或是把理财当做控制对方的一种手段，结果两败俱伤。走出这种被动的人生模式吧！你也许会觉得每个人都有一套做事情的成功秘诀，如果是这样的话，那我现在就把秘诀告诉你，让你走上通向成功的坦途。

在协同理财这个问题上，其实并没有什么对和错可言。因为婚姻就像是体育比赛里的双打，重要的是能找到一种

第八章　金钱和爱情　173

你们两个人都感到舒服的打法。比如说，如果你特别在意自己在经济上的自主性，你可以向你的配偶建议设立三个账户，一个是你的，一个是他／她的，还有一个是你们俩共同的。别去在意别人是怎么做的，你们只管把每个月需要的开支算出来，然后把支付这些开支的钱放到你们的共同账户上。当然，有时会有一些意外支出，你可以在共同账户上稍微多存一些钱，然后把剩下的钱存进属于自己的账户。如果你们不知道怎么处理退休金，你们俩可以各自设立一个个人退休账户，在账户上用各自喜欢的方式进行投资，然后比比看谁赚的钱多。

如果你在投资上很保守，而你的配偶却是个风险投资者，你们就可以约定把账户上 10% 的资金用来进行风险投资。我认识一对夫妇，他们原本在理财上感到特别困惑，后来他们发现了一种傻瓜型的理财模式。他们跟我说这种模式叫做"半小时规则"。具体操作是这样的：

1. 夫妻两人把他们的实得工资除以 40，得到他们平均每小时的收入。

2. 他们每天把半小时的收入存入个人退休账户，半小时的收入用来偿还债务，半小时的收入存进用来处理紧急情况的账户上。也就是说，他们每周要存入七个半小时的

> 如果你总是觉得围墙那边的草地看上去更绿，
> 很可能是因为那边的人把草地打理得更好。
>
> ——塞西尔·塞利格

收入（按五天的工作日计算）。

3. 当他们把这个月需要支付的钱都支付完后，他们就可以尽情地享用剩下的钱了。通过把钱分成一个个半小时的小块儿，他们就有了属于自己的理财方法。通过这种简易的方法，他们的存款在不断增加，而债务在不断减少……关于理财的分歧也越来越少。

他们的这个理财计划之所以非常棒，主要是因为他们自己觉得这个计划很棒。不管每周赚多少钱，他们都坚持按照这个模式来理财，这样就不会整天被钱弄得糊里糊涂的。所以，本着为自己的幸福负责的态度，你需要学会利用自己和爱人的理财人格。不要指望你的爱人能完全知道你在想什么。你应该告诉他你想知道什么，以及你希望他以什么样的方式告诉你。

喋喋不休地说了这么多，最后我还想补充一点：你们

第八章 金钱和爱情

知道吗？在有关男人、女人和钱的问题上，许多研究都发现，只有一件事是男人和女人都认同的，那就是他们都希望对方能花更多的时间而不是钱在自己身上。好好思考一下这个结论吧！

关于金钱和爱情的小结

两个人在一块儿可能会遇到很多问题，但归根结底最重要的还是你们是不是深爱着对方。如果没有爱，两个人是不可能走出一条幸福而有意义的道路的。不要让柴米油盐的平凡生活毁掉了你们之间的浪漫情愫，那些着实是感情的杀手。经常问问自己："我真的要选择嫁给他吗？"然后等待自己内心的答案。只要发现事情有些不对劲，就要试着努力去弥补与挽回。

还有一个同样重要的问题，那就是："如果我是他，我会选择继续吗？"时不时地问一下自己这个问题，然后真诚地做出回答。多去回忆和重温你们曾经有过的美好瞬间，比如说，一块儿享用的烛光晚餐、浪漫的周末短途旅行，或是一朵不需要特殊理由便送上的玫瑰花。记住，当感情面临危机时，最有效的办法就是两个人一块儿静静地待上一段时间，不要让孩子在身边，也不要看报纸，更不要接办公室打来的电话。

不要害怕危机，危机意味着变化，我们不正好是在变化中学习、成长并变得强大的吗？面对危机，不但不能退缩，而且更要勇敢地去面对，怀着对爱人的尊重和爱去倾听，去用心体会对方的感受。与那些怀着爱与勇气手挽手经历了种种困境的夫妇相比，那些什么困难都没有共同经历过的夫妻更容易在安逸的生活中变得麻木和无趣。但你得知道，你一个人无法解决两个人之间的问题。在必要的时候，你一定要向对方寻求帮助，你越早开始行动，事情就能越早得到解决。

对每一对夫妇来说，既照顾到自己的需求又不疏远对方，这是一件非常难的事情。如果你能抛开自私心，你们的感情就会像是得到了神力支持一样，不断盘旋上升。只有双方都能够理解和接受另一方的需求，他们的感情才是成熟的，他们生活中的方方面面才会变得更好。有了这样的态度，两个人在婚姻中就可以和谐地生活在一起，不会过多地干涉对方。在这样的爱情中，即便是分居两地，俩人心里也会一直记挂着对方。

如果双方没有共同的兴趣和梦想，那生活在一起将会是一件令人沮丧和伤心的事情。但是，同样的道理，如果俩人为了对方连自我都给舍弃了，那也是相当糟糕的。所以，去寻找和平衡自己的生活吧。不管你们之间出现了怎样的问题，如果你在内心深处还爱着他，那股爱情的火焰还没有完全熄灭的话，那就尽全力来挽救这份感情吧，永远都不会晚的！

第九章

金钱和晚年

杰里看着正在厨房里忙碌的妻子琼，她一边做炸肉丸一边忍不住在笑，因为女儿斯特凡妮刚说了个关于客人的笑话。杰里此刻觉得内心充满了对家人的爱，他感到无比满足。与妻子结婚已经那么多年了，他还是那么深爱着她。

但是，天哪，她这些天正在飞快地老去——她的笑纹和鱼尾纹变得越来越明显！杰里又低下头看了看自己那双正在往馅饼皮里加奶油的手，无奈地笑了笑。他倒是还能认出自己的手。但是，天哪，自己的手什么时候多了这么多皱纹？再过多久，他手上的皮肤也会像其他老人那样，看上去像皱纸一样？想到这儿，杰里摇了摇头，自言自语道："大概快了吧，马上就会变成那样了！"

就在这时，琼也看了一眼丈夫。天哪，他又在跟点心说话了。他实在是还没有那么老，怎么就开始表现出老年痴呆症的症状了？他年轻时的那股劲头现在一点儿都找不到了。要知道，琼比杰里还大了几个月呢。再过三个星期，她就满 50 岁了，而身边这位喜欢拿着锅铲、对着点心说话的傻老伴儿还是 49 岁。

琼知道自己是非常害怕变老的。因为随着年龄越来越大，他们有越来越多的事情要担心。不只是头发变得花白、要穿塑形内衣这样的小烦恼，更要为未来越来越重的经济负担操心。他们的餐饮店经营得很不错，夫妻俩整天没日没夜地工作，平时也特别节俭。但是最近，他们都感觉到了岁月不饶人，两个人一下子便都老了许多。这惊人的衰老速度从他们那越来越白的头发及对塑形内衣的需求就可以看出来了。不只是内衣，现在他们感觉什么都得通过外力来保持了。琼一方面把钱花在杰里和她年迈的父母身上，一方面又要支付女儿的生活开销，她感觉自己有些力不从心了。

杰里的父亲五年前去世了，从那以后，杰里的母亲就与杰里的弟弟生活在一块儿。杰里母亲积极投身于教堂的各项活动，经常同教区里的老太太们一块儿出去旅行。在经济上，她一方面靠她以前工作单位发放的养老金，一方面靠她老伴生前存的退休金。

在琼这边，她父亲自从中风后就不能生活自理了，于是老两口就跟着琼一块儿生活。琼的母亲每天在家守着父亲，他们还雇了一个护士，每天都来照料父亲。琼母亲的月收入主要包括社会保险金和老伴的养老金。当然，跟琼一块儿住后，他们把以前的房子给卖了，这笔收入为他们支付自己的医疗账单起了不小的作用。

虽然从好几年前开始，琼和杰里就在为斯特凡妮进行教育储蓄，他们也下定决心一定要按时存入这笔教育经费，但却还是因为其他需要被迫耽搁了好几次。比如说，他们为父亲特别订制了一张便于他坐起和躺下的床，并且把门前阶梯进行了改造，以方便他轮椅的进出。

所以你看，年龄的增长给他们带来的不仅仅是情感上的伤害，更多的是经济上的压力。在经济上，他们考虑的可不仅仅是自己退休后的安逸生活。虽然他们购买了足够的保险来应对突然的疾病甚至死亡，但他们还是很担心，万一他们中有谁患了那种需要通过长期治疗来维持生命的重病，这不仅会对家庭构成巨大的经济压力，也会给他们带来意想不到的精神打击。

为什么会这么难

这件事可以从两个方面来看。好的方面是：他们还在一块儿生活。现在美国的退休年龄是 65 岁，平均下来的

思维小贴士

职业咨询师在帮助年轻人找到一条合适的职业道路时，往往会问他们，如果你衣食无忧，不用为生活发愁，这时你会选择做什么？作为老年人，你在退休后就会有这样一个重新进行职业选择的机会。你可以花上几个小时来一次头脑风暴，想象一下你还可以干些什么。当你发现了自己人生的新方向后，就可以在此基础上进一步设计你的理财计划和目标。

话，两个老伴还能在一块儿生活 16~19 年。但坏的方面是：在剩下的这些年里，他们可没有年轻时那么多的收入了，而且还随时可能遭受到疾病的打击。当我们把这个社会作为一个整体来考虑时，这个问题也是不容乐观的。因为在未来的 30 年，美国的老龄人口将继续飞速增长。截至 2000 年，已有 420 万人超过 85 岁，而到 2030 年时，这一数字将达到惊人的 900 万。

面对这样严峻的形势，我们在理财计划中理应为年迈的父母多加考虑，而且也要考虑我们自己的晚年。我们必须保证自己在未来的种种需求能尽量得到满足，让自己在古稀之年仍然能保持应有的尊严与独立。

重新定义"退休"

当你听到"退休"这个词时，你首先想到的是什么？我最先想到的是：与自己的工作永远说再见，并且开始了一个一直延续到生命结束时的超长假期。但是仔细一想我就发现，自己对"退休"的理解如果停留在每天可以安逸地睡大觉，那也太简单了。我会这样问自己：退休后我会过得开心吗？我愿意被别人拉去钓鱼吗？如果我根本就不喜欢每天下午带孙子孙女怎么办？如果我对整天躺在安乐椅上丝毫提不起兴趣怎么办？现代的退休是不是应该能有一些新的内涵？我的理财人格和性格特点与退休又有着什么样的关系？在本书的所有章节中，这一章所说的内容大概是与理财人格最不相关的。是的，你退休后具体将干些什么，这当然和你的性格特点有着密切的关系。但是此时此刻，为退休后的生活存钱却是任何理财人格的人都无法回避的一个问题。

现代的退休已经与我们父辈祖辈时代的退休大相径庭了，许多人到了退休年龄却选择继续工作。比如说，许多成功的经理人会选择成为公司的顾问或合约工，按照自己的意愿把工作安排得比以前更有弹性，从而开始自己新的生活。也就是说，在现代社会，退休并不是找一个安静的角落等待自己慢慢老去，而是寻找一个不管在精神上还是身体上都能让自己更加兴奋的环境，让自己在某个领域继续发光发热。研究表明，退休的人如果选择继续工作或当志愿者，他们的晚年会过得更加充实和有意义。比起那些每天坐在电视机前等着从人世间"退休"的人们，继续工作的人也会更加长寿。

随着老龄化的加剧和人口出生率的下降，年轻人已经很难填补上老人们退休后留下的岗位。这意味着在当今社会，老年人重新就业的机会也很大。所以，我们不妨换一个说法，不说退休而说晚年规划，对一段你真正可以自己作决定的时间进行规划。这样一来，你是不是会更有兴趣？至少我是。而且根据我手头上的数据，大多数人都会更感兴趣。

不是结束，而是开始

当美国婴儿潮期间出生的人们（1946~1964 年间出生的人）相继进入不惑之年时，他们似乎都开始考虑要坐下来了。只不过他们不是坐在轮椅上，而是坐在哈雷摩托车上。这批二战后出生的人占了美国现有人口的 1/3，正是他们这代人身上体现出的不服老精神在重新诠释着"晚年"的内涵。

所以我们的问题就成为：你现在应该做些什么来为你的老年做些实质性的准备呢？包括身体上、心灵上、财富上的准备。你的性格对你实现一种充满意义的老年生活有没有帮助？

根据美国雇员利益调查研究所（英文缩写为EBRI）的调查显示，人的性格及他们对待退休储蓄的态度直接决定了他们退休后的生活质量。

女王型购物狂：她非常有实干精神。对她而言，理财意味着她未来将有更多的自由去满足自己的需求。她能够很快地掌握当前的形势，并根据该形势迅速作出决策，从而实现一定的短期目标。但是，她在落实长期目标上就不那么尽如人意了。

女王型购物狂有能力根据变幻莫测的情况来合理地调整自己的理财策略。当她有钱时，她会毫不犹豫地花钱；当她没钱时，她也总是能够想到挣钱的办法。她没法告诉你自己在退休账户上能有多少钱。她的生活总是那么忙碌，对理财也没什么兴趣，所以退休后的规划只是她任务表中永远没时间去完成的一项。就算她在账户上不小心存下了一些钱，这也绝对不会是她为退休生活精心计划和苦心经营的结果，而是她用来满足冲动消费或处理紧急事务的。反正，根据她的想法，退休后还得继续工作。

好好先生：他的性格是"激励"型。理财对他而言只是为了发展与他人的关系，实现自身内在的成长，以及帮助别人实现人生目标。哪怕是在自己的退休规划上，他也总是想着帮助别人，为了别人不惜牺牲自己的利益。这一点对他晚年的经济独立非常不利。

因为好好先生对金钱心存排斥，所以他们在理财上往往缺少资金基础，对未来也准备不足。他们对积累财富似乎从来提不起兴趣。要想让他们感到钱的重要，必须让钱与他们的道德标准和理想协调起来。在好好先生看来，根本没有必要为退休而理财，因为那太遥远了。

完美主义者：他的性格让他总是想"实现"些什么。对他而言，理财就是为了让自己获得一种理解、解释、预料和控制生活的能力。如果没有时间机器或神灵的帮助，他就只好依靠钱了。他做事很有策略，擅长长期计划。所以，他能够为自己退休后的生活存下更多的钱，这对他来说一点也不稀奇。

在所有的理财人格里，完美主义者的退休储蓄是最多的，但他往往也是最早退休的。凭借着对未来的把握和宏观思考的能力，他时刻都在计划着一切。但是研究表明，哪怕是这样的人，在退休后也有自己的遗憾——后悔自己没有早点进入投资领域，没能去尝试更多的风险投资。

酒神：这种性格的人往往都非常冲动、大胆、过于乐观。他们追求风险，所以可能家财万贯，也可能入不敷出。他们相信自己的直觉，而不是未来的具体理财计划，或者是对财富现状的客观判断。就算赔本，他们也不会放过任何一个赚钱的机会。他们对退休的态度是："有必要为退休存钱吗？我能付清这个月的账单就谢天谢地了，至于以后，我可以靠社会保险生活。"

"存钱罐"：在面对退休这个问题上，"存钱罐"从来就没想过去打造一个属于自己的美好晚年，他考虑的仅仅是如何渡过可能会在晚年出现的各种危机和困难。在他的字典里，"存"字至上。面对未来，他有着数不清的应急方案。对他而言，理财最大的要义就是"控制支出、拼命存钱、压缩债务、应对危机"。他把保护家人作为自己义不容辞的责任，因此保险对他来说是少不了的。

他往往能设立非常明确的退休理财计划，并以强大的执行力来落实这些计划。因为在他看来，金钱意味着安全感、安逸感、舒适感（但绝对没有任何奢侈的成分）和幸福感。"存钱罐"们存钱的回报率一般都很低，而且还要被税收和通货膨胀分去一杯羹，所以他们必须比其他人存

从《黄金女郎》①看理财

女王型购物狂：布兰奇·德弗罗是一个典型的女王型购物狂。她买了自己根本买不起的房子，因此不得不把许多自己的房间出租给房客。布兰奇教会我们，即使是在爱人去世之后，我们也还是可以生活下去，只要我们在心底仍然爱着他。

好好先生：罗丝·尼隆德属于好好先生型。她崇尚诚实，相信爱，相信朋友，尤其坚信这个残缺的世界会因为大家共享同一块芝士蛋糕而变得美好。她教给我们的是，只要我们忠实于真实的自己，那就根本没有必要担心自己会老，特别是那个真实的自己还有许多可爱怪癖的时候。

"存钱罐"：多萝西·彼得里洛·兹博尔尼克是典型的"存钱罐"。不然还有什么原因可以解释她那些在理智决策下购买的房子、藏在家里的垫肩？多萝西教会我们在生活中要多动脑子，时刻保持警惕。比如说，千万不要选择看那些拍得糟透了的情景喜剧——你不会看过《黄金宫殿》吧？

---

① 20世纪80年代中期的热门美剧。讲述了几位已到古稀之年的女士同住一屋的故事。——编者注

第九章 金钱和晚年　189

酒神：索菲娅·彼得里洛是个酒神。这个聪明的女人看上去十分小巧可爱，但是她对生活的胃口可不小。她向世界宣告，在这个社区里，年长的人也需要得到尊重，你若仅仅是有一点害怕他们，那是绝对不够的。

完美主义者：斯坦·兹博尔尼克无时无刻不在思考着利用女人的法子，他是卑鄙手段和虚张声势的好手。那他教会我们什么呢？不多，那就是男人千万别戴假发。

更多的钱才能保证自己有一个"安逸"的晚年。总之，凭借社会保险的帮助和他那压缩自己生活质量的"理财秘诀"，他活下来是没什么问题的。

你做好退休理财的准备了吗

在这些年的工作中，我总是不厌其烦地告诫年长的女王型购物狂和酒神们，让他们不要把金钱全都拿来进行风险投资。若是日后发现自己手头上的金钱不够养老时，那就麻烦了，那他们还得在一大把年纪的时候急急忙忙地为自己的养老钱四处奔波。其实，就算他们存下了一些钱，我也怀疑这些钱能不能支撑到他们生命的最后一刻。

在退休理财上常犯的错误：

1. 开始得太晚。

2. 不知道自己退休后到底需要多少钱。

3. 缺少投资的方式及相关知识。

4. 没有及时从失败的投资中抽出身来。

以下是一个简单的测验，测试一下你是不是已经走在正确的退休理财道路上，同时也能让你了解自己在这个问题上的准备程度。

请在以下问题中作出选择：

1. 在我的退休理财计划中，有能够随着通货膨胀及税收一块儿浮动的投资方式。

       同意   不同意

2. 在理财上，我投资的成分大于储蓄的成分。

       同意   不同意

3. 我知道平均每个月需要多少钱才能让我不工作也可以过得很舒服。

       同意   不同意

4. 我清楚地知道，基于目前的投资回报率，每个月要拿出多少钱用来投资才能实现我的退休计划。

    同意　　不同意

5. 在退休计划中，我已经对可能出现的意外死亡和残疾做出了相关的应对措施。

    同意　　不同意

如果在以上的题中，你选择了三个或三个以上的"同意"，那么你基本可以过上一个拥有自由与尊严的晚年了。但是，如果你在三道或三道以上的题中选择了"不同意"，那我强烈建议你马上制订一个退休计划。下面，我就来为你设计一些可行的方案。

享受金色晚年的秘方

也许你的性格特点让你在退休计划的制订和实施上非常拖拉，但是这并不意味着你可以这样毫无顾忌地一直拖拉下去。你应当立即跳出这种人生模式，停止这一消极倾向，并开始履行一项非常简单的计划。

以下是一些你在退休计划中可以采纳的方案：

要求社会保障福利

尽管我们也不知道你退休后的社会保障福利会是个什么情况，但在你临近退休之时，只要达到领取社会保障福利的最低要求，最好就先去了解一下这个问题，这对你很重要。在你的整个工作年限内，基于你的收入水平和出生日期，你将会得到一个影响你退休收入的绩点，你每年最多能获得四个这样的绩点，至少累积四十个绩点才能够领取社保福利。关于你的收入历史，以及你与雇主所缴纳的社会保障税的记录，都可以在网站 www.ssa.gov 上查到。同时，他们还提供年度报表的派发业务。在这个网站，你也可以在线填写表格，以此获得你和家庭现在和将来可以享受的福利预算值。

知道自己退休后到底需要多少钱

要想算出你退休后每个月需要的钱，你首先得算出现在每个月的开销，然后再减去那些退休后不再会有的开支，比如交通费用、按揭等。

如果你想知道为了今后的生活现在应该存多少钱，不妨听听专业理财咨询师的经验之谈。一般 30 万美元的存款可以保证你每个月有 1000 美元的收益。当然，前提是利率保持在 4% 左右，而且你只动用利息不动用本金。

不过，这并不是说本金是绝对不能碰的，这些钱都是归你所有，当你需要的时候当然得用。也就是说，你在使用利息的同时还可以动用那 30 万美元的本金。但是你心里得明白，要是这样取钱，你的本金能维持多久。关于这个问题，下面这个非常有趣的表格可供大家参考（见表9-1）。

现在，我们假设你在银行有 30 万美元的本金，并且年利率保持在 4%。那么，一年下来你可以拿到 1.2 万美元的利息（30 万美元乘以 4%），将这 1.2 万美元除以 12 得到的 1000 美元就是一个月的利息收入。如果你每个月都从银行取出 1000 美元，那么你那 30 万本金始终是在那儿的，不会变多也不会变少。

但是，如果你每个月不是只取 1000 美元，而是 1250 美元（一年下来就是 1.5 万美元），会出现什么情况呢？你账户上每年能获得的利息还是 1.2 万美元，但是你一年取出了 1.5 万美元，不够的 3000 美元就是从你那 30 万美元的本金里面补出来的。对吧？

你也许会愤怒地对我说："这是不是意味着我辛辛苦

表 9-1 你的钱能花多少年

年 提现率	年利率							
	4%	5%	6%	7%	8%	9%	10%	11%
5%	41年							
6%	28	36年						
7%	21	25	33年					
8%	17	20	23	30年				
9%	15	16	18	22	28年			
10%	13	14	15	17	20	26年		
11%	11	12	13	15	16	19	24年	
12%	10	11	12	13	14	16	18	23年

苦赚来的钱会越来越少了？"你说得没错。但是让我们再仔细分析一下，1.5 万美元相当于 30 万美元的 5%（用15000 除以 300000 即可）。你可以在表 9-1 的左侧竖栏中

第九章　金钱和晚年　195

找到5%，在上方的横栏中找到4%（也就是利率），横竖栏交叉处的数字就是以目前的取钱速度，你账户所能够支撑的年限。显而易见，每年取本金的5%，你可以取41年，也就是说，如果你从60岁退休起就每月取1250美元，你可以一直取到101岁！

好，我们现在来做道题。如果从60岁退休开始算起，你想在75岁时把账户上的钱用完，而且假设年利率仍然保持在4%，那你每个月可以取多少钱呢？让我们一起来查看表9-1，在表格中找到15年，同上面横栏中的4%对应，此时我们在左侧竖栏中得到的百分比是多少呢？不错，是9%。30万美元乘以9%得到2.7万美元，这就是你一年可以取出来的钱。将该数字除以12得到2250美元，这就是你每个月可以取出来的钱。如果你算出来的也是这个数字，来，让我们击个掌！

但是等等，如果每年的回报率不只4%，那会怎么样？你账上的钱又能维持多久？如果30万美元有8%的年回报率，那么你每年取2.7万美元就可以持续取28年。如果你的存款拥有这么高的回报率，你就应该相应地提高每月的消费金额，还可以延长使用这笔钱的时间——这就是我们为什么要学会投资的原因了。

简而言之，如果没有目标，那你肯定会成为老龄化的受害者和自己性格的奴隶。如果在上文的数字计算中，你的头都已经变大了，那不妨先停下来喝杯咖啡，然后让理财咨询师来帮助你理清那些麻烦的数字。可是，不管找谁帮忙，你都始终要记住：我们自始至终谈论的都是你的生活、你的钱、你的时间。你只需要告诉理财咨询师你每年或每月需要多少开销，你实现这个目标的可能性就比以前大得多了，你也一定可以不失尊严地度过你的晚年。

但是说到现在，我为你设计一个无忧无虑的金色晚年的目标还远未实现。之前我们谈论的都是如何增加晚年的收入，除此之外，其实还有另外几个需要考虑的方面。

人身保险

首先要考虑的就是人身保险。听到这个词你也许会满脸不快，这肯定不是你会优先考虑的事情。但是你想想，万一你或你的配偶突然离开了这个世界，谁来照顾你们的孩子呢？总不能让他们通过卖房子或者辍学来继续维持生活吧？你会愿意长期照顾一个残疾的孩子或大人吗？

当你花钱买下人身保险时，你买下的实际上是你积累财富所需要的时间。如果你在人生的某一阶段就根据既定计划完成了设定的理财目标，那我祝贺你。但是，谁又能

第九章 金钱和晚年　197

保证每个人都可以顺顺利利地活到目标实现的那一天呢？只要买了人身保险，即使你离开了这个世界，你的家人也会得到很好的照顾。

人身保险有很多类型，由于篇幅所限，本书就不再赘述了。但是，我强烈建议你向你的保险代理人或理财咨询师了解相关信息，从而选择最适合你的人身保险。

长期护理保险

随着生活条件的改善，如今人们的寿命也越来越长了。既然能够活到八十多岁甚至九十多岁，我们当然得存下钱用来支付给那些帮助年老的我们完成日常基本活动的人，比如说，那些人会帮助老年人洗澡、移动和吃饭等。

随着婴儿潮一代人的年龄逐渐增长，老年人更趋向于住在一个有公共氛围的环境里，而不是凄冷地被隔离在养老院的小屋子里。这种趋势最后的实现方式也许就是一个能让老年人的思维和精神均保持活跃状态的退休社区，也有可能我们会回到家庭护理的模式。但不管怎样，未来会有越来越多针对老年群体的设备和服务，比如上门送饭、保姆服务、生活辅助服务和其他医疗服务。随着这些服务的推广和需求的扩大，其价格也会逐步攀升。

如果你家财万贯，那你当然可以让自己的晚年过得安安全全、健健康康、舒舒服服，让一支军队为你服务也不为过。可是，如果你像大多数美国老人一样，既不是最有钱也不是最穷的人，那你就得考虑购买长期护理保险了，这样你才能保证自己能够支付起年老时的医疗花费。同样，你的保险代理人会为你提供更多的相关信息，一定要把这部分列入你的退休理财计划中。

安排好你的财产

现在，我们该谈谈你的财产了。你也许会惊讶地说："什么？不是我不想安排，但我哪有什么财产呀？"我的许多客户都是这样略带幽默地回答我。不过，先别这么快下结论。不管怎么说，你肯定是有财产的，而且你最好在活着的时候就把它安排好，不要等着政府来帮你安排。

至少你应该考虑留个遗嘱或信托之类的，告诉人们你要怎么处理你的财产。你可以简简单单地一句话搞定它，也可以写个上百页的说明。是的，也许你的财产并不多，但是请相信我，你写下的这些东西会给你的家人减少很多情感上的痛苦。我就遇到过一个没有留下任何遗嘱的人，最后他的家人只能眼睁睁地看着他一辈子辛辛苦苦挣来的钱被他老婆的第二任丈夫给"继承"了。你看，如果你能在离开人世之前说清楚你对财产的安排，那将可以省去家人和朋友多少麻烦和冲突啊！

授权书的力量

除了遗嘱之外，你还可以使用授权书。你可以通过授权书的形式向某一个人授予特殊权限，让他成为唯一一个可以通过各种途径了解你的经济信息并能查看你所有账户的人。这个法律授权书将授权某人处理你所有的账户及包括个人退休账户，401(k) 计划等。

医疗照顾事前指示

最后你还得决定，当你失去决定能力时，谁来帮你执行医生所给的医疗指示，并帮你作出医疗决定——这就是医疗照顾事前指示的目的。

要是你的父母已经到了这个年龄，你应当很认真地与他们谈一谈这些问题。你会发现，这些问题其实他们一直在担心，他们比你更愿意把这些问题拿到台面上来谈。

向前看，向后看

你的退休存款不仅仅代表着账上的总金额和投资的收益与亏损，它更代表着安宁祥和的晚年。它能告诉你，你有能力充满尊严地走过最后的岁月，不会拖累任何人。

你在晚年时不应该仅仅"执迷"于你已经拥有的东西，晚年更是完成你人生任务的黄金时期，是你回馈那些曾为你祝福的人的时候。而且，当你在晚年继续为社会作贡献时，你也在继续成长。

金钱并不等于幸福。金钱也许可以给你带来安逸的生活，但并不能给你带来人生的意义。到了这把年纪，你千万不要再跟着别人走了，你有权利让自己变得快乐。特别是当你兜里还有些小钱时，晚年真是可以过得非常美好。不管你是属于哪种性格类型，对晚年的规划都非常重要。你要做的是：考虑到各种可能出现的情况，朝着好的方向去憧憬，但同时也得为最坏的结果做准备。

关于金钱和晚年的小结

凭着活了这么多年积累下来的智慧，好好审视一下你现在的处境。不要带入任何悔恨、伤感或痛苦的情绪，不要盯着那些你没有的东西或是没法再去做的事情。相反，你应该充满感激之情——为自己到目前为止所拥有的和那些以后可以继续实现的。现在你退休了，又可以去完成那些年轻时没来得及完成的事情，并充分享受现在你所拥有的。也许在你的心中已经积累了无数场征战留下的伤痕，也有着无数的成功与失败，但你现在还活着，仍然醒着，你在 60 岁时大可比 40 岁更激情澎湃地生活。

你还记得那些你一推再推、一直没有动手去做的事情吗？当时，你忙于学业、工作、成家、做家务和带孩子，为孩子的教育和未来拼命奋斗。但是，孩子当时的未来已经成了现在的现实；生命像一把双刃剑，好的一面是，孩子们已经长大成人，他们可以自己作决定，也拥有一片属于他们自己的天地；但是另一方面，你觉得他们似乎不再需要你。请千万不要这么想！也许他们如今并不像以前那样时时刻刻都需要你，但是你现在为他们作出的贡献比以前更加重要。

你是唯一一个可以决定自己怎样生活的人。每个人都选择了一条属于自己的道路，当我们走到人生路途的中段时，我们不仅会向前看，也会偶尔向后看。回首时你会发现，正是一路上那些充满变化的分岔口带你走向前方。就像玩拼字游戏一样，它们不断变化却又充满巧合，一切都是为了最终完美地引出你生命的意义！充分利用你的人生经历吧！你曾经辛勤地播下了种子，现在就是你收获的季节了。像普通的老人那样去宠爱你的孙子孙女吧，哪怕是溺爱也没有关系。同时，别忘了去发现自己的新爱好，去

> 从出生到 18 岁，女人需要的是好父母；
>
> 从 18 岁到 35 岁，女人需要的是好姿色；
>
> 从 35 岁到 55 岁，女人需要的是好人品；
>
> 从 55 岁开始，女人需要的是许多许多的钱。
>
> ——苏菲·塔克

重拾曾经熟悉的老手艺。没错，现在就开始，你还有时间呢！

当然，如果有一天你的身体告诉你，不要再进行过多的运动了，请你也欣然地接受吧！遵从你身体、内心和精神发出的声音，活着是件很幸福的事情，去充分地享受这种幸福吧！让你的每一天都充满激情地度过。每天早上，你睁开眼睛就问自己："今天玩啥？"

然后呢？

然后就勇敢地去玩儿呗！

理财之现实篇

第十章

对成功的恐惧

玛丽亚在梦游时被丈夫叫醒，已经是这个月第三次了。与前两次一样，她又发现自己站在梳妆台前，望着空空的抽屉发呆——这会儿已经是凌晨三点。

玛丽亚难以置信地摇了摇头，回头看着丈夫，丈夫也正满脸迷惑地躺在床上看着她，眼睛里充满着忧虑。她为自己的梦游感到尴尬，但实在没办法，因为她总是做一些奇怪的梦，并被那些怪诞的梦所驱使，不由自主地梦游起来。可是，这很不像乐观开朗的她会做的事情。

玛丽亚经常梦见这样的情节：她在房间里忙碌着，但却想不起来具体在忙些什么。突然，从另一个房间里传来痛苦的叫喊声，她赶紧顺着声音跑过去，发现在梳妆台的最上层——那个打开的抽屉里有一个金发娃娃，它的脖子被绳子紧紧绑着，已经奄奄一息，只能发出凄惨而痛苦的呻吟，那声音让玛丽亚毛骨悚然。梦中的玛丽亚总会猛地冲过去，双手把娃娃捧起来，迫不及待地想要解开它脖子上的绳子，可她无论如何也解不开。接着，她就会为自己没能救活那个娃娃而痛苦地哭泣。这时候，听到哭声的丈夫就会走到她跟前叫醒她，让她重新回到现实中来。醒来的玛丽亚总是浑身颤抖，疑惑刚才发生的一切到底是梦境还是现实。

玛丽亚慢慢地回到丈夫身旁，心跳仍然很急促。丈夫担心地问道："又做那个梦了吗？"玛丽亚回答道："是啊，可能是吃了什么不该吃的东西吧！"说完，他们就会像平时睡觉前一样，亲吻一下对方，说声晚安，然后抓紧时间再睡上几个小时——明天可还有一大堆的工作在等着他们。

玛丽亚是一个成功的理财咨询师。她和本——她的丈夫——在加州经营着一家成功的退休计划公司。他们的婚姻已经走过了十个春秋，有一栋漂亮的房子和一个幸福的家庭，家人身体都还不错。夫妻俩渐渐地开始看到自己多年来努力的成果了。他们俩都不是有钱人家的孩子，在工作中认识以后，发现双方不但在事业上有共同的激情，还深深地爱上了对方。没过多久，他们在事业和情感上都发展得像连理枝那般紧密缠绕、不可分离了。

首先是本挑起了挣钱的大梁，玛丽亚主要负责公司里的行政事务，夫妻俩配合得天衣无缝，没过多久就在事业上取得了非常可喜的成绩。但是，从那之后，他们的角色却悄悄发生了转换。事情是这样的，为了扩大公司的业务范围，玛丽亚开始在当地图书馆和学校举办专门针对女性的免费理财研讨会。她总是能在精短而且有趣的会议发言中，让听众们学会如何从一些常见的财富困惑中走出来，比如，如何在退休计划里挑选一支好的基金，如何轻松地选择和购买一支好的股票。

没过几个月，她组织的研讨会在当地就无人不知了，而且来参加会议的人越来越多，大家都希望她能讲解更多的理财知识。于是，她把那些对理财感兴趣的人组织起来，并成立了一个投资俱乐部。俱乐部里的会员只需要交很少的钱，就可以在轻松融洽的氛围中把自己学到的理财技巧付诸实践。有一次，一位记者参加了玛丽亚的研讨会。参与者的激情给那位记者留下了深刻的印象，她在报纸上发表了一篇相关的报道，对玛丽亚取得的成绩大加赞赏。也正是因为那篇文章，玛丽亚的生活发生了翻天覆地的变化。

玛丽亚自己都难以相信，原来成功可以来得这么快。没过多久，便有很多人邀请她去演讲，甚至还有人邀请她写书或是到电视台去试镜。她一下子就成为了万众瞩目的焦点，这完全出乎她的意料。当然，这一切都是令人激动的，但同时也令人担忧。她发现自己的个人生活同样在发生变化。出名以后，她经常会连夜出差去参加电视台的采访，而丈夫本这时就得待在家里照顾生意和孩子。这种事业角色的转换给他们俩带来了不小的压力，他们都不得不重新对自己的角色进行定义。有时玛丽亚会问自己：这一切都值得吗？那奇怪的梦会不会和这有关系呢？

玛丽亚的人格分析

现在可以告诉大家，我就是玛丽亚的原型，刚才讲述的就是我自己的故事。

发生了这些不愉快的事情后，我去找了心理医生，因为我想知道这到底是怎么一回事。我知道，一定有什么东西在捉弄我，但到底是什么东西呢？我的婚姻非常幸福，我深爱着我的家人，也热爱着我的工作。但是，为什么我却不能好好地享受这个过程呢？

我对失败是很熟悉的。从某种程度上说，我们每个人都对失败很熟悉。就失败而言，在大多数情况下我并不害怕，我不是那种因为不能成功就会垮掉的人。但我不知道自己到底要取得怎样的成就，也许这才是问题的关键，也就是说，我害怕的不是失败，而是成功。

第十章 对成功的恐惧 211

那个金发娃娃其实代表的就是我自己。它在害怕地哭泣，生怕别人听不到它的声音，会窒息在那个小小的抽屉里。同样，我也害怕别人不再爱我；害怕自己因为打破社会上墨守成规的行为方式而被孤立；害怕自己一方面在努力向前冲，另一方面却已经被别人远远地甩掉。这些想法是不是有些奇怪？我也觉得。其实，我以前有过一次类似的经历。

大四的时候，我曾经在一个小学里当兼职教师助理。在我还剩一个学期就可以拿到初级教师资格证的时候，我接到了实际的教学任务。我必须在一个导师的直接监督下度过为期几周的考察期，我在课堂上学到的所有教学理论都要在这段考察期中进行检验，从备课到幻灯片的制作，从课堂控制到课堂讲解，每一项都要得到切实的考察——这对我来说无疑是一个严峻的考验。

从儿时起，我就想成为一名教师，那次的考察使我离梦想的实现只差几个月了。但是，我却突然开始害怕，不想再继续下去，并为自己转到经商、会计或创业家的行列找了各种各样的理由。这种突然的转变让我的家人、指导老师，甚至我自己都感到非常惊讶。

面对一位同事，我说出了自己想离开教育行业的想法。她觉得太不可思议了，因为她看得出我与孩子们在一块时

> 失败是个无比狡猾的大骗子，
> 它在人们接近成功时把他们绊倒。
>
> ——拿破仑·希尔

是多么开心。她直视着我的眼睛问道："你到底在怕什么啊？"

我被这个问题给问住了，并回答说："我害怕教学。"然后，她轻松地说道："朱莉，你应该勇敢地面对那些你害怕的事情。"说完，她吹了声哨子，把上体育课的学生们都集合了起来。从那以后，我们再也没有在这个问题上有过更多讨论，但是她那句话却一直陪伴着我。我按照她说的去做，坚持了下去，出色地完成了我的教学任务。毕业后，我成为了一名出色的小学教师，我喜欢自己的工作。

现在，这种不自信的感觉又回来了，就像是来找我报仇一样。每当我走向人生的新阶段，找到成长的新舞台时，为什么我就会开始怀疑自己甚至毁灭自己呢？我为什么会害怕？

对成功的恐惧

大多数人都熟悉对失败的恐惧：根据以往的经历，你对未来充满了担忧。对失败的恐惧其实就是害怕自己没有达成目标之后会失望。

要想克服对失败的恐惧不是一件容易事。成功的人往往会问自己："最坏的结果会怎样？"然后，他会在脑海里想象那些最糟糕的情形，并逐渐意识到就算是最坏的结果对他们来说也不会是世界末日。他们大可以在失败的地方重新爬起来并继续前进。

但是，对成功的恐惧就不同了。你害怕的是自己未来会闯进一片完全陌生的领域，你害怕自己即使实现了梦想也还是不快乐。这才是最糟糕的恐惧感！

在对成功的恐惧中，你害怕自己会因违反了环境、家庭、性别及你所在社区的传统与规则而受到惩罚，就像一直有个声音在你耳边责问你："你以为自己是谁啊？"

1916 年，西格蒙德·弗洛伊德写了一篇名为《毁于成功的人们》的文章，说的就是这种不可思议的现象。当一些人即将实现自己毕生追求的梦想时，反而无法承受那种巨大的幸福，彻底崩溃。在弗洛伊德和其他心理学家看来，人类有在胜利面前自我毁灭的倾向。

> 生命随着人的勇气而伸缩。
>
> ——安奈斯·宁

这样做看上去很傻吧？是啊，除非亲身体会，否则你当然会纳闷为什么人们会害怕那么美好的事情呢？

童年的秘密

在你的心灵深处，有着自我形象的一种判断，一旦你要对已获得认同的自我形象进行改变，哪怕是朝着好的方向改变，都会带给你巨大的恐惧感和缺陷感。而你取得的成功也必须获得你心中那个自我形象的接受，就算是在自我形象承受范围以内的成功，这个接受过程也是需要一段时间的。

心理学家说，这些负面感受的根源来自于我们的童年。如果在你小的时候，一个你很喜欢或很在乎的人对你说："你不够聪明，不够能干，也不够可爱，你什么事儿都做不好……"那么，根据心理学家的推断，你在这一生中，想要相信自己也是可以做成许多事的，或者只是相信许多事情你也有权利去做，这些都将是一个相当艰难的过程。

其实，在生命的每一天，你都在无意识地向外界传递着你对自我形象的判断。你可以试一试，留意你在一天中用来描述自己的语言，看看一天之内你贬低了自己多少次？只要算一算，你就会发现你对自己的真实看法有多么不好了。

你在因为自己的成功而恐惧吗?

以下这个测验是几种不同评估的综合，但主要是让你发现，你是自己最好的朋友还是最大的敌人。

阅读题干，选择同意或不同意。

1. 我经常会避免和别人说我的成功，免得别人忌妒我。

同意　　不同意

2. 别人都说我很聪敏、很幽默，能力也不错，但是我自己一点儿也不觉得。

同意　　不同意

3. 当我对别人说"不"时，我会感觉很内疚。

同意　　不同意

4. 当事情发展不顺利时，我就会特别害怕，坐等事情朝更坏的方向发展。

同意　　不同意

5. 当朋友跟我说他的不幸时，我一般都会为自己的幸福感到无比内疚。

同意　　不同意

如果你在三道以上的题目中选择了"同意"，那说明你对成功其实充满了期待，而且你已经离成功很近很近了，你现在要做的仅仅是改变你思考问题的方式而已。

逃避成功的原因

也许你还是会觉得，一个人因为恐惧而有意识地逃避自己的成功，这是不是有点可笑？没错，但是这种对成功的恐惧和逃避往往是潜意识的反应，而且会通过很多不同的形式体现出来。比如，好不容易等到要和梦中情人约会了，你却突然因为偏头痛而不得不取消赴约；在演唱比赛的前一天你突然嗓子发炎；在一个重要的考试前熬夜；或是在关键时刻忘记自己的重要文件放哪了。你是不是也有过类似的经历呢？

为什么我们会有意识或无意识地躲避成功？以下是一些我认为非常合理的解释。

- 忌妒：你不得不承认一个令人不愉快的事实，即一旦你的处境不错，就会有人忌妒你。如果你比朋友更漂亮、更有钱，或是更受欢迎，她们就可能出于忌妒而不喜欢你，甚至抛弃你。因为优秀，你和以前朋友间的距离可能会越来越远，这不但体现在你们能力的悬殊上，也体现在你们关系的疏远上。要处理这些问题确实挺棘手的，特别是当忌妒你的人是你很在乎的人时。

- 不确定性：每天反复出现的事情，就算不好，也会让你感到很安心。而成功呢？成功必然带来变化，而变化必然要求你对环境进行重新适应。当你通过主动适应而造成变化之后，你身边的事情也会发生相应的变化。也许你会觉得，要是所有事情都一成不变地推进，那生活可以变得多么简单啊！所以说，成功带来的除了那些激动人心的冒险外，还有那令人害怕的不确定性。

- 提高了别人对你的期望：你也许会觉得，自己只是因为幸运才取得了这个成绩。你会把所有的成功都归于运

> 我们最大的恐惧不是弱小、不是黑暗，而是强大、是光明。我们时常自问：当我变得非常完美、才华横溢、魅力四射时，会是个什么样子？只是，当你不是非常完美、才华横溢、魅力四射时又是什么样子？
>
> ——玛丽安妮·威廉森

气，而不是转换成对自己的肯定和认可。

- 你对成功人士的消极态度：如果在你的观念中，成功人士都是阴险狡诈之辈，那么你毫无疑问地会害怕自己的成功。

- 担心被"发现"：你生怕别人知道你的成功里有造假成分，因为你对自己不自信，总觉得自己没有其他成功人士那么伟大。

- 不相信自己能够继续成功下去：你觉得自己所取得的一切成就很可能会一夜消失，你无法像别人期待的那样把自己的成就持续下去。

- 感到成功意味着自私：如果你觉得帮助别人实现梦想比帮助自己实现梦想还重要，会让自己更开心。那你多半是在骗自己。你不去充分地发挥自己的才能，从而为人类作出更大的贡献——这才是最自私的行为。这个世界需要那些有勇气不断让自己变得更优秀的人，这些人也会得到丰厚的回报。所以，不要害怕，勇敢地去追求成功吧！

为自己寻找合理动机

你想成功吗？别以为这是个愚蠢的问题。必须拿这个问题来问自己，而你给出的一些答案有时会把自己给吓一跳。看看那些影坛或体坛的明星们，不管是大牌的还是二流的，他们看似什么都不缺了。但突然有一天，我们可能会在报纸头版头条上发现他们做了一些极其愚蠢的事情，让自己的事业甚至家庭都遭受毁灭性的打击。为什么这些成功人士会抛弃自己所有的成就去吸毒、犯罪，甚至自杀呢？很简单，他们没有好好地想清楚成功这个问题，没有找到成功的合理动机。

如果你对成功的追求仅仅是为了在父母面前炫耀，或是让那些以前瞧不起你的人对你另眼相看。那么，你就像是在沙地上建造了一座 50 层的摩天大楼，根本没有一个正确的成功观作为你的精神支撑。这样一来，即使取得了自己想要的成功，你也会感到非常空虚、非常不满足，甚至觉得自己被骗了。如果你追求成功只是为了获得肯定、爱与表扬，这种动机仍然太脆弱了，你最终会被这些欲望带来的压力给压垮。当你达到所谓成功的高点时，就会迅速地走向事物的相反面——崩溃。所以，你必须很认真地问自己：成功对你来说到底意味着什么？只是更多的钱、更多的时间或更多的财产吗？你还得问自己：当你得到了更多的成功，你会变得更开心吗？还有，你现在开心吗？

我认为，并非是你先获得了成功才觉得开心，而应该是先觉得开心然后才会成功！停下来，再仔细体会一下刚才这句话。幸福不是成功的产物，恰恰相反，当人在幸福的状态下，成功就会是一件顺其自然的事情。

所以说，幸福更多地取决于自身因素，而不完全是由外在因素决定的。这个观点可能有些晦涩，没关系，我们一块儿一步一步地来分析。我认为，在幸福和成功这种共生关系中有一些非常关键的因素。下面我试着把这些因素列出来供你参考，你可以对其进行修改，把它吸纳为真正适合你的成功因素。

力量：力量是行动的能力和愿望，也是进行选择、作出决策、不断尝试的活力，你必须有力量才能感到快乐。如果你总是感觉自己像个受害者一样，被别人掌握着命运，那你是很难快乐起来的，因为你得依靠别人将快乐施舍给

第十章 对成功的恐惧 **221**

你。这股力量是由内而外产生的，不是别人给你的，而是你自己去获得的——除非你主动放弃，否则谁也抢不走它。你可千万别放弃自己的力量。

创造力：这里所说的创造力与商标和职业没有关系。当你拥有创造力时，你可以不断激发自己和他人的灵感与自由意志。如果一个人连创造的自由都没有，就更不会有任何幸福可言了。创造力是一种不断去冒险与挑战的能力和愿望，就算失败了也没有关系。对我而言，失败不过是旅途上的一个个小站，提醒我应该停下来休息一下、反思一下，而不是意味着事情的终结。道理很简单，只要是做事情就会有成功、有失败，你只要能让成功相对更多些就好了。

卓越：追求卓越是得到幸福的重要条件。追求卓越意味着达到自己能达到的最好程度，但绝不是完美的程度。因为卓越的目的并不是成功，而是享受奋斗的过程。其实，卓越和完美是一对完全相反的概念。追求完美，就必须始终保持正确，而追求卓越，你就要允许自己犯错；完美重视的是结果，而卓越重视的是过程。如果你能够享受过程的话，你一定也会享受到结果的。所以，追求卓越的本质就是充分地享受当下这一刻，去做那些自己认为有意义的事情，哪怕是一小点一小点地做，你可以摆脱"成功"给

> 首先，做好那些你必须得做的事情；
>
> 然后，去做那些有可能做好的事情；
>
> 最后，你连看似无法做成的事情都已经做到了。
>
> ——圣五伤方济各

你带来的阴影和压力。其实，那些成功的人往往都是在专注于追求卓越，有时连自己都不知道已经成功了，还需要旁边的人来提醒他们。而且就算他们成功了，也不会觉得自己有什么了不起。有一次，有人问爱因斯坦如何看待自己的名声？爱因斯坦回答说，他的办法就是把自己的注意力放在更高的目标上。你看，成功人士并没有躺在自己的成功上睡大觉，而是开始了新的挑战。

乐观：乐观不仅仅是一种心境和生活态度，也是一种行为方式。它让你在事物中不断寻找好的方面，并把好的方面做得更好。当你乐观且充满激情地面对人生时，你将会变得更加聪明和富有创造力。

我的经验

许多非常伟大的发明都是歪打正着瞎碰出来的，比如3M公司的便利贴。有一次，在教堂唱颂歌时，阿特·弗莱发现书签总是从他的赞美诗集里掉出来。于是，他在书签上使用了3M公司在一个失败的实验中发明的弱性黏合剂，便利贴就这样诞生了。1981年，也就是便利贴诞生后的第二年，便利贴便被评选为该公司的最佳新产品。这个故事告诉我们，当你开始做一件事情时，不一定要把所有的细节都计划得天衣无缝，你只有通过实践才能得到新的认识。当然，这并不是说你就完全不用做任何准备，甚至不用接受训练了。而是说，当充足的准备和良好的机会都同时具备时，事情自然会水到渠成，甚至能做成一些你做梦都想不到的事情。

这样的奇迹随时都可能发生，有时就在你最意想不到的时候。别人的一句话，或是自己一个闪念、一个感觉，甚至是不小心闻到的一股气味，都可能让你一下子恍然大悟、茅塞顿开，你便不知不觉地知道了自己下一步应该怎么做。顺着自己的感觉，听从内心深处那个声音的指示，这种指示往往会把你带向成功。

但是，千万别以为成功之路是一马平川的坦途。要知

> 如果你连一个球都不射，
> 那你的得分率毫无疑问是百分之零。
>
> ——韦恩·格雷茨基

道，你的成功与你付出努力的多少是成正比的。你只要去问问那些成功的人们，你就会知道他们曾经付出了多少汗水。但是我可以向你保证，所有的努力都将是值得的。你只要努力并开心地工作，只要你对自己所做的事情充满激情，你就会非常享受这个努力的过程，既能从这个过程中得到快乐又能得到财富，还能改变这个世界。

经常有人问我："我怎样才能活得更有激情呢？我如何才能知道自己的梦想究竟是什么？"也许你还不清楚你的梦想，但你要相信，梦想已经被深深地刻在了你的灵魂上。不要担心，你的直觉和内心深处的声音在不断地向你暗示，你只要保持高度的注意力，就能在这些暗示的帮助下最终发现自己的梦想。

当你感到害怕时，你很难作出决定并克服前进道路上的困难。想要拥有很多并不是一件坏事，你可以通过理财计划来实现你宏伟的发财梦。但是，如果你的目光总是停

第十章 对成功的恐惧 225

留在你所拥有的与你想要的东西之间，那你就会陷入一个自己挖下的陷阱里不能自拔。实际上，你完全可以一方面充分地肯定自己的现状，另一方面放开手脚追求自己的梦想。

爱上自己的理财人格

每一种理财人格的人对成功都有自己的定义，最重要的是去追求自己心中的成功。如果你追求的仅仅是别人的梦想，那么不管结果怎么样，你都是个失败者。另外，你要认识到自己性格上的弱点，而且千万不要刻意地隐藏它们。就算你是个头脑冷静的完美主义者，也不意味着你就可以像个冷血动物一样毫无感情地活着。既然你知道自己很难动感情，就应该努力让自己变得更感性一些，多倾听别人的心声。要知道，了解自身弱点的目的并不是为自己的不良行为找理由，而是要战胜它们。当然，你也不能强行地跟自己与生俱来的性格斗气。接受并喜欢上自己的性格会让你充满自信，而这种良好的自我感觉对你的成长和成功都是至关重要的。

如果此时此刻的你存在着对成功的恐惧，那恭喜你！因为只有当生命中出现了大的转机或你在人生道路上大步

> 如果上帝在你的内心放置了一个梦想，
> 那一定也放置了让你实现这个梦想的能力。
>
> ——艾默生

前进时，这种恐惧才会出现——换句话说，你马上就要成功了！充分去感受那份恐惧吧，然后继续勇敢地行动起来。很快你的恐惧就会被挑战所代替，你的信念就会把一切疑虑消除，你的忧虑就会成为实际行动，所有的挫折都会为你的成长让路，曾经苦苦寻觅动力的你也将变得激情四射！记住，在感觉自己最脆弱最紧张的时候，往往就是你潜力最大的时候，一定要咬牙挺住，因为胜利就在不远处向你招手。

第十一章

百万富翁的
理财人格

你的人格类型的确可以决定很多事情。比如，当你面对外界压力和苛刻的环境时，将会如何反应；你如何与内心深处的自己及外在世界互动。通过掌握自己的人格类型，我们不但可以改善人际关系，可以获得事业上的成功，还能让你看到过去从未觉察到的那个自己。

人格是天生的，但环境却可以直接影响你人格发生作用的方式。在你的生命中，种种美好或悲惨的经历，以及出现在你人生舞台上的形形色色的人，都会影响你人格类型的具体表现形式。

不过，不管你是属于什么样的人格类型和性别，处在什么样的文化背景和年龄，你都可以通过努力实现自己的梦想，不要过多地被自己的先天因素、社会和经济背景及受教育程度所束缚。从今天开始，你就可以在了解自己的基础上去打造自己的卓越未来。

找到属于自己的配方

让我们一起想象：现在你在做饭招待客人，晚餐的主菜是一道优雅的西班牙肉菜饭。肉菜饭是一道有藏红花口味的精美的西班牙菜，由米饭、蔬菜、猪肉、鸡肉和海鲜等原料按照一定比例烹饪而成。你在自己最常用的搜索引擎里输入"西班牙肉菜饭"，能在网上找到很多个参考网页，每个页面都提供各不相同的烹饪配方。那么，这时候你该怎么办呢？你可能会浏览其中的几个网页，并找到一个比较对你胃口的配方；也许你会选择一个符合你手上相应食材的或者是食材比较好买的配方；又或者你不喜欢海鲜，你便选择了一个以肉类为主的配方；如果你是个素食主义者，你肯定会找一个只含蔬菜的配方。总之，这一切都由你来决定。最后的结果是，你做出来的这款西班牙肉菜饭将是世界上独一无二的，因为这是根据你自己的需求并按照你自己的方式做出来的。

实现自己的理财目标也是同样的道理。你的人格特点就好比是你手头上已有的主要食材，已有的性格特点并不能决定你实现自己目标的道路。就像做西班牙肉菜饭一样，你可以增加或省掉某种调料或食材，从而做出一道属于自己的西班牙肉菜饭。

让我们直接通过金钱的语境来分析：假设你的目标是让自己变得"富有"，至于如何定义"富有"，姑且由你说了算。为了弄清各种人格类型获得财富的最佳"配方"，人们已经做了大量的研究，但研究的结果都表明：财富的获得并不取决于某种特定的人格类型。能够登上财富宝殿的人（或是能够声名大作的人）往往是那些解读了自己的人格特点、充分利用了自己的人格优势，并由此达成了自己目标的人。

的确，每个人都有自己的弱点，这一点毋庸置疑。但是，那些富人，特别是那些百万富翁们，往往意识到了自身弱点的危险性，并成功地躲过了这些弱点给他们人生带来的障碍。也就是说，他们谨慎地选择着属于自己的西班牙肉菜饭配方。你知道他们是如何做到的吗？以下就是成功者们普遍拥有的配方：

1. 积极的心态。毫无疑问，成功者总是把自己的注意力集中在事物的积极面上。面对挫折，他们不会轻易退缩，而是把它们当做学习与成长的机会。哪怕是犯了错误，他们也不会过多责怪自己。他们每天都在寻找力量武装自己，从而坚强地去面对一个又一个的困难。他们对自己很诚实，并不断从自己的错误中吸取经验教训。就算遇到了麻烦，他们也能够很快地调整好心态，尽快回到正确的道路上。

2. 高明的计划。虽然不可能把未来的每一个细节都计划得那么完美，但成功者往往拥有凡事多考虑一步的智慧。他们既能够坚定不移地落实自己的计划，也能够根据变化不厌其烦地对计划进行微调，并坚定不移地朝着自己既定的方向走去。

3. 赚钱的欲望。百万富翁对钱很有好感，他们觉得这个世界上有的是钱，不会因为自己的钱比别人多而感到内疚。特别是那些通过自己的努力白手起家的百万富翁，他们用起钱来更是心安理得。如果你认为他们是那种爱抢别人饭碗的人，那只能说明你在心态上还是穷人。

4. 投资的信念。百万富翁会把自己年收入的 15%～20% 用来投资。和那些直接得到 100 万美元遗产的人相比，通过自己努力赚得 100 万的人往往在投资领域更加活跃。他们知道在股市里赚钱的秘密，这并不是说他所买的股票全部都能涨，只是涨的股比跌的股要多一些而已。

5. 做有意义的项目。有百万富翁心态的人总是能够把人才和激情引导到一个能够盈利的项目里。人们总是习惯去外面寻找财富，却忽视那些在自家后院干喜欢的事情就能赚钱的绝好机会。

6. 有一群好朋友。百万富翁善于同那些信任他们的人交往，这一点非常明确。不过，这并不意味着他们不会去同其他人甚至是向他们叫板的人打交道。他们能非常理性地处理各种关系，不给那些小人任何破坏他们计划的机会。

7. 深知一切都可以重新开始。百万富翁热爱自己的工作，相信自己赚钱的能力。我们也不难发现，在刚刚起步时，他们往往尝尽了失败的苦头。对他们而言，成功与财富并不是死守自己的既得利益，而是一个不断体验与努力的过程。

那么，了解自己和其他人的人格类型，这对于获得财富有什么帮助呢？很简单，只要我们分析出哪些人格倾向是对自己有利的、哪些是导致你失败的，一切就都能变得游刃有余了。

比如，如果你是好好先生，那你往往会在团队中承担过多的责任，表现得过于忠诚，甚至不惜牺牲自己的个人利益。因此，你要么就减小自己和其他人对你的期望值，要么就尽情地去满足心中对责任感的追求。当然，最聪明的办法还是在这两者中寻求一种很好的平衡。

如果你是追求细节的完美主义者，你很可能会在细节的汪洋大海中迷失方向，或被那些纷繁复杂的信息拖得精疲力竭，无法作出一个真正有效的决定。因此，你就应该为自己的决策过程设定一个时间限制，或者是考虑条件的限定。要知道，你永远不可能掌握所有事情的所有细节。

如果你是女王型购物狂，那么保证自己的温饱对你来说不在话下。更确切地说，你可以通过自己的努力过上非常富足的生活，但是你无法忍受这辈子就这么孤孤单单地活下去，于是你在无意识中让自己走向挫败。在心灵深处，你一直认为自己需要一个男人而不是财富。所以，你一直在苦苦等待着属于自己的那个真命天子的出现。令人不可思议的是，许多受过高等教育的成功职业女性都有着这种自我毁灭的倾向。

那么，我们的酒神呢？要想让你的支出恢复平衡，你只需要把"我赚不到足够多的钱"的想法换成"我花的钱比赚的要多"就可以了。前者让你陷入一种受害者的痛苦境地，而后者会让你觉得一切都在自己理智的控制范围内。总而言之，你要有控制财富的主动权和责任感，就这么简单。

第十一章　百万富翁的理财人格　235

小提琴演奏者的故事

有一个生活窘迫的小提琴演奏者，站在巴黎街边的人行道上拉着他的小提琴。从那脏乱的着装上看，他大概是个失败的小提琴演奏者。他在地上放了一顶帽子，希望同情他的路人们会往帽子里扔些硬币。

他的小提琴明显没有调好音，但他还是用那把小提琴费力地拉着难听的旋律，声音单调得让人无法辨别他拉的到底是什么曲子。与其说这是音乐家的演奏声，不如说是汽车喇叭发出的噪音。

有一天，一个才华横溢的著名音乐家和他的朋友正好从这条路上经过，听到这难听的演奏，音乐家脸上露出了痛苦的表情，这简直就是在亵渎艺术嘛！音乐家看了看帽子里那寥寥无几的硬币，便从那人手上把小提琴拿了过来，调了调音，然后开始了他那大师级水平的演奏。没想到刚才那把破玩意儿摇身一变竟成了一把神奇的乐器，奏出了优美的旋律，音乐家的朋友们都为他鼓起掌来。不一会，一大群围观者就聚集了过来，那个本来空空如也的帽子也堆满了硬币和各种面额的纸币。那位大师乐此不疲地拉了一首又一首，曲子也一支比一支优美。

此时，刚才那个蹩脚的演奏者两眼放光，他简直不敢相信自己竟然可以这么幸运。看着越来越多的人向他的帽子里投钱，他激动得又蹦又跳，向人群呼喊着："这把小提琴是我的，是我的！"当然，他说得倒也没错。

每个人生来都有一把属于自己的小提琴，它代表着你的能力、你的态度、你的性格等。至于怎么来拉这把小提琴，就全看你自己了！有的人根本不去给小提琴调音，有的人不愿意为了成为一位大师而钻研演奏技巧。但是，每个人都希望自己放在地上的帽子里满满的都是钱，哪怕他演奏的曲子是那么的不堪入耳。

你是不是觉得这个世界对你不公，而那些成功的人无非是运气更好罢了？如果你这样认为就大错特错了，就像你明明知道自己拥有某些权利但却从来没有去争取过它们一样。你迟早会发现，要想成为最成功的人，不但要学会调试自己的小提琴，还要日积月累地努力提高自己的演奏技巧。

从众心态

在 1954 年以前，人类一英里长跑的纪录是 4 分钟，没有人会去怀疑这个已经被大众普遍承认的事实。但是，1954 年的 5 月 6 日，一位年轻的医学院学生完成了一项在他人看来不可能完成的任务——他把这个纪录给打破了。罗杰·班尼斯特在 3 分 59.4 秒内跑完了 1 英里。他不仅仅是打破了人类历史上 1 英里长跑的纪录，更重要的是他让人们看到奇迹是可以发生的。自那以后，1 英里长跑的纪录又被刷新了好几次。最近的一次纪录是被来自摩洛哥的希查姆·埃尔·盖鲁伊打破的，时间是 3 分 43 秒。

一项被认为是无法打破的纪录，为什么就这样被超越了？原因很简单，因为有人相信这项纪录是可以打破的。罗杰相信的是自己的能力，而不是别人的看法。那么你呢？你相信自己能够做到什么？如果在这方面你一点想法都没有，那只能说明你还在受从众心态的影响。如果是这样，你是不是应该给你的小提琴调调音了？

你身边有没有心态积极的人？你知道谁是你的忠实粉丝吗？还有，你是不是经常将自己取得的成绩归结为运气，以此让身边的人好受些？你的这些想法挺好，但却不可取。因为这表明你还不够自信。你的自信心体现了你是怎样的一个人，你的自信心建立在你之前经历的基础上。充足的自信是抵抗忧伤、痛苦、无助和依赖的最好疫苗。

如果你在打网球方面取得了一些成绩，那你很可能会继续坚持打网球，不断提高自己的网球水平。然后，你会逐渐认识到自己是个不错的网球运动员。知道自己是怎样得到这个结论的吗？同样，如果你有过几次成功的投资经历，小赚了一把，你就会把更多的钱用于投资。这样一来，你赚钱的能力也越来越强了，最后你会认为自己是个不错的投资者。这也就是说，是那些积极正面的经历增强了你心中的自我形象。如果有一个储存自信的账户，那么你的户头上是处于盈余状态的，从而让你可以轻松应对一些有损你自信心的事情。

也许你开会迟到了，也许你上班路上车胎坏了，也许你在股市里赔钱了。遇到这些情况时，你就得动用自己以前存储的自信心。如果你存储了足够多的自信心，你就可以很快地从逆境中走出来。当然，如果你能改变自己看待问题的方式，那么哪怕是消极的事情都可以增加你的自信心储量。

但如果你的自信心库存是空的，你就会切换到生存模式，去求助于最原始的本能。在这种情况下，人们往往会屈服于内心那个不断批判自己的声音，受制于自己性格特点中的消极面。

其实，要想改变心态，只需要一瞬间就够了。你可以马上让内心从恐惧变为强大，从完全失控的状态变为认识到只有自己可以决定存在的意义，并作出相应的选择。当然，要完成这种转变也不是一件简单的事情，因为旧的模式会给你带来你迫切需要的安全感，虽然最终它会让你非常痛苦。

自信起来

一个好消息，一个坏消息。坏消息是：亲爱的读者，我真的无法给你自信。但好消息是：你可以自己去找到它。首先，你要找到一个能让你自我感觉良好的东西。你可以一直向自己的童年追溯，带着笑容放松下来想一想。如果你实在想不到也没关系，你可以从别人那里借自信，这也正是导师的作用。导师就是一个你可以通过模仿，把他的品质转化为自己品质的人。这个办法很不错吧？

导师可以以多种形式出现，你甚至不需要真正认识他。你意识到这一点了吗？导师可以是一位你崇拜的运动员、一个在你八岁时教过你的老师、你的父母、你的叔叔、你的朋友，甚至虚构的人物。当你内心深处觉得事情不大对劲时，当你不知所措时，你会在心中问自己："他在这种情况下会怎么做？"

在我人生中有过很多导师，其中一个就是堂吉诃德，他在现实当中根本不存在，是西班牙小说家塞万提斯的名作《堂吉诃德》中的主人公。但是，他对我而言却是无比真实的。每当我郁郁寡欢，瞻前顾后，觉得生活了无生趣时，就会一个人哼那首《梦幻骑士》的曲子。这首歌能让我感到一股强大的力量和勇气，这首歌让我的自信心库存总是无比的富足。

亲爱的读者，你已经掌握了所有用来塑造你人生的方法，而且它们就在那儿，在你自己那儿，耐心地等待着你们去发现它们、去调试它们。希望你们能够登录我的网站：www.juliestav.com，同我分享你们发现神奇自我的美好经历。